运动健身丛书

网球

WANGQIU

骆积强 编著

海峡出版发行集团 THE STRAITS PUBLISHING & DISTRIBUTING GROUP | 福建科学技术出版社 FUJIAN SCIENCE & TECHNOLOGY PUBLISHING HOUSE

图书在版编目（CIP）数据

网球 / 骆积强编著 . —福州 ：福建科学技术出版社，2013.10
（运动健身丛书）
ISBN 978-7-5335-4343-3

Ⅰ . ①网… Ⅱ . ①骆… Ⅲ . ①网球运动 – 基本知识 Ⅳ . ① G845

中国版本图书馆 CIP 数据核字（2013）第 170727 号

书　　名	网球 运动健身丛书
编　　著	骆积强
出版发行	海峡出版发行集团 福建科学技术出版社
社　　址	福州市东水路 76 号（邮编 350001）
网　　址	www.fjstp.com
经　　销	福建新华发行（集团）有限责任公司
印　　刷	福州德安彩色印刷有限公司
开　　本	700 毫米 ×1000 毫米　1/16
印　　张	9
图　　文	144 码
版　　次	2013 年 10 月第 1 版
印　　次	2013 年 10 月第 1 次印刷
书　　号	ISBN 978-7-5335-4343-3
定　　价	22.00 元

前言

PREFACE

网球运动是一项优美而激烈的体育运动，它那流畅的步伐、飘逸的挥拍、闪电般的击球、捉摸不透的吊球……极富观赏性，因此被冠以“贵族运动”“高雅运动”“文明运动”等美誉。近几年里随着中国网球的快速崛起，网球运动受到更多的青少年朋友的喜欢和青睐。网球俱乐部、网球培训班如雨后春笋，层出不穷，越来越多的青少年加入到了网球运动的行列。

你羡慕她、青睐她，又苦于无法亲近她、驾驭她，是吗？请阅读这本书吧。本书以图解为主线，让你的阅读与练习更为直观，为你的自学自练提供便利。它将给你惊喜与兴奋；它将带你快速步入这项运动的行列，并让你迅速提高球技。相信每一位网球爱好者都能从本书中得到自己需要的东西。

基础知识部分将快捷地带你入门，教你如何选择网球、网球拍、网球弦、服装等必需的网球装备，为你提供最基本的网球常识和熟悉球性的练习。

基础技术与训练部分以通俗易懂的文字解说和朗朗上口的要诀，帮你快速记忆各种网球技术要领，再配以大量由专业运动员演示的技术动作，图文并茂，将有助于你快捷、规范、全面地掌握网球的基本技术。

实用战术与训练部分不但介绍单打战术、双打战术、常规战术，而且还介绍业余选手快速制胜的绝招，能满足不同选手的比赛需求，并使你的网球技术、战术水平快速提高。

竞赛规则与裁判法部分介绍了网球比赛最基本的组织、计分和裁判方法，有助于你成为一名合格的网球选手、网球比赛组织者和网球裁判。

在最后一个部分里，我们一起来领略张德培、辛吉斯、桑普拉斯、格拉芙、阿加西、大威廉姆斯、费德勒等超级巨星的风采与绝技。

在撰写本书的过程中，作者得到了福建省网球领队、教练及部分队员的技术支持，得到了张若谷老师摄影方面的帮助，在此深表谢意。

由于水平有限，书中难免存在不足之处，望同行专家多多批评、指正。

骆积强

目 录
CONTENTS

一、网球运动的基本知识

网球场地与器材

网球服饰与礼仪

网球术语

赛前热身与球性练习

网球运动中常见损伤的防治

（一）网球场地与器材

网球场地

网球场分为单打场地和双打场地。标准的单打场地长 23.77 米（78 英尺），宽 8.23 米（27 英尺）。双打场地长也是 23.77 米，宽为 10.97 米（36 英尺）。

球场两端的界线叫端线，球场两边的界线叫边线，场地中距球网 6.40 米（21 英尺）与球网平行的横线叫发球线，连接两边发球线中点的直线叫中线，中线两边的四个小长方形场区叫发球区，端线中心的短竖线叫中点。

场地中除了端线宽度为 10 厘米（4 英寸）外，其他各线的宽度均应控制在 2.5 厘米（1 英寸）至 5 厘米（2 英寸）。除中线外，场地内所有场区的丈量都应从各线的外沿开始计算（图 1-1-1）。

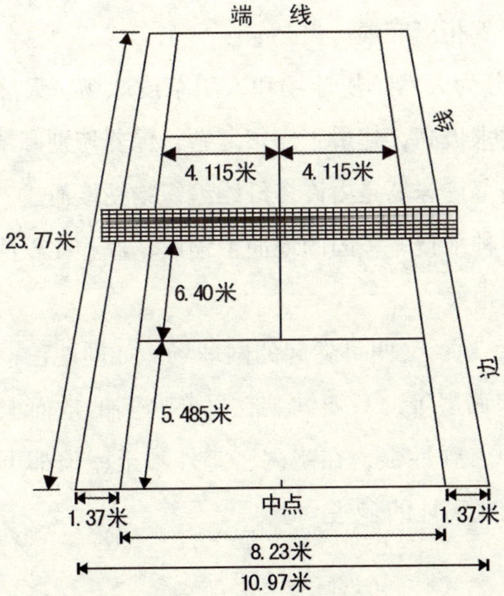

图 1-1-1 标准网球场

网球的比赛场地一般分有硬式场地、软式场地和毯式场地三种。

（1）硬式场地：大多指水泥或沥青场地和塑胶场地。

1）水泥或沥青场地：主要由水泥或沥青铺垫而成，造价不高，保养简单，但球的反弹速度快，不易判断。而且地面粗糙，对球、鞋磨损快，也易造成下肢关节的疲劳和损伤。

2）塑胶场地：在水泥或沥青的基础上铺一层高级塑胶面层，表面平整、耐磨，球的反弹速度快，有规律。许多公共网球场都采用这种场地，但造价相对高些，场地较硬，容易造成下肢关节疲劳和损伤。

（2）软式场地：包括沙土地、红土地和草地。

1）沙土地：由沙土碾压而成，材料简单，造价低，球速较慢，不易损伤肌肉和关节，尤为适合老年人和少儿练习，但需要经常洒水、碾压、画线等，不易保养。

2）红土地：不同于一般沙土地，是高级别比赛用地（如法国网球公开赛），经过几种材料严格配比而成，地表铺有一层细沙或粉末，工序比较复杂，保养相当麻烦。

3）草地：分为天然草皮球场和人工草皮球场。天然草皮球场对草的特质、规格要求极高，建造工序很复杂，保养特别麻烦，费用昂贵，难以推广。人造草皮球场是由许多纤维编织物粘接而成，内部充满石英砂，它可以在各种平整、坚固的地面上铺设，保养比较简单，打球的综合感觉和效果也很好。

（3）毯式场地：又叫可卷起的网球场，如同地毯，其表面是塑胶面层、尼龙编织面层等，只要铺装在平整坚实的地面上即可。其铺设简便，保养简单，弹性强，在室内、室外甚至屋顶都可采用。目前，室内场馆使用毯式场地的多些。

网球器材

网球器材一般指网球拍、拍弦、网球、减震器、吸汗带、球网和风力发球机等。

（1）网球拍：网球拍是由拍底、拍柄、拍颈、拍杆、拍肩、桥和防撞保护几个部分组成（1-1-2）。

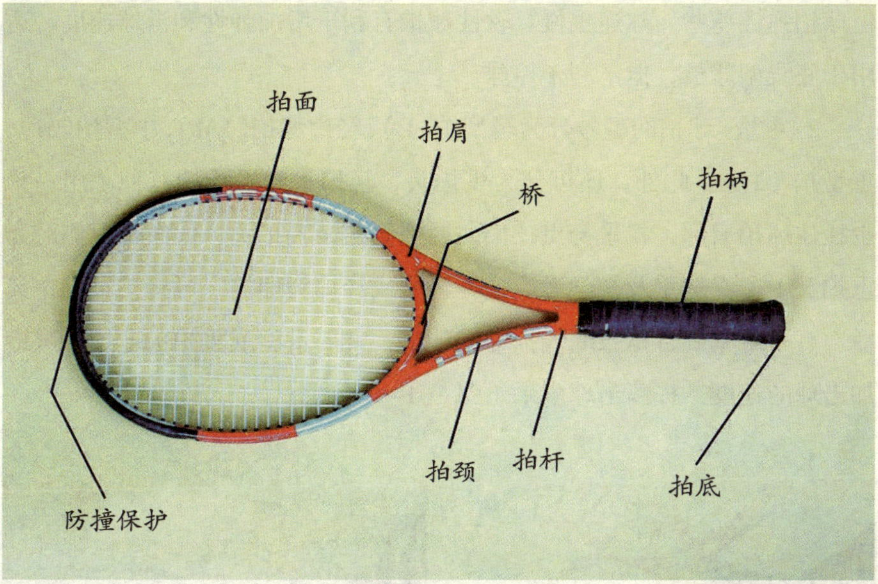

图 1-1-2 网球拍

拍底：一般是用一个帽状物覆盖的。

拍柄：由八个面组成，拍柄大小及其表面的材质都会影响握拍效果。

拍颈：它的形状直接影响球拍框弯曲度和拍面大小。

拍杆：消除拍面传出的震动。

拍肩：连接球拍框、桥和拍杆的部分。

桥：承受六根主弦线的拉力，要十分坚固。

防撞保护：保护拍框的顶部和拍弦线。

在选择网球拍时，要根据自己的特点从材质、重量、拍面和拍柄四个方面来考虑。

1）材质：网球拍的质地有木质、铝质、玻璃纤维、碳纤维、钛合金之分。对于大多数人来说，比较适合使用碳纤维球拍。根据材料性质还可分为高强度球拍（stiff racket）及软性球拍（flexible racket）。高强度的球拍有利于控球合旋转，适用于上网型或擅长打旋转球的球员选用，但球拍弹性差些，球速也慢。软性球拍有利于增加弹性和击球速度，适用于底线型球员，但不利于控球。

2）重量：球拍的型号分为轻型拍（L）、轻中型拍（LM）、中型拍（M）、重型拍（T）。此外，还可分为重拍头、轻拍头和平衡拍三种（用一只手托住球拍肩部，找平衡点，偏向握把侧的是轻拍头，偏向拍面侧的为重拍头）。女选手及初学者应选择轻型或轻拍头球拍，可挥拍轻松、灵活。有一定基础且擅长底线抽球的球员，宜用重型或重拍头球拍，可增加击球的速度，提高击球效果（图 1-1-3）。

重拍头

平衡拍

图 1-1-3 网球拍的重拍头与平衡拍

3）拍面：球拍通常有 710 平方厘米（110 平方英寸）的大拍面（over size）、645 平方厘米（100 平方英寸）的中拍面（mid size）和 580~613 平方厘米（90~95 平方英寸）的普通拍面（regular size）三种拍面。目

图 1-1-4 网球拍的拍面

前又出现了 800 平方厘米（124 平方英寸）的超大拍面。女选手和初学者一般选用大拍面球拍，可扩大击球范围，提高击球率。而有一定基础的球员，可考虑中、小拍面的球拍，以增加灵活度，提高攻击力（图 1-1-4）。

4）拍柄：根据拍柄的粗细有 2 号、3 号和 4 号三种拍型之分。2 号拍拍柄的周长是 10.62 厘米（$4\frac{2}{8}$ 英寸），3 号是 10.93 厘米（$4\frac{3}{8}$ 英寸），4 号是 11.25 厘米（$4\frac{4}{8}$ 英寸）。女性通常使用 2 号轻型拍（2L）。判断尺寸是否合适，也可以用手握球拍时拇指的指甲是否盖在中指指甲的第一关节点上这一标准来判定，超过则偏细（图 1-1-5）。

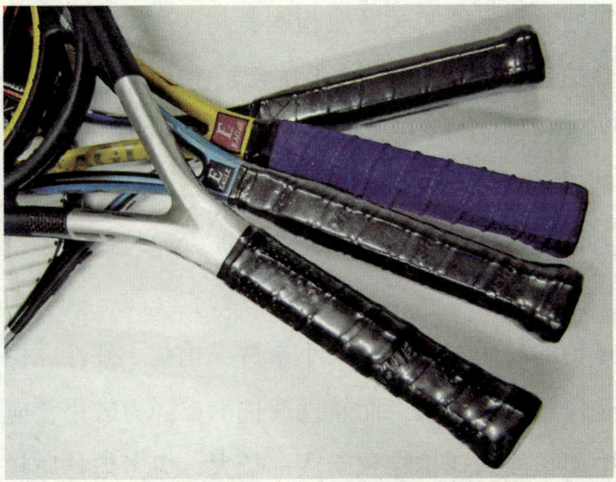

图 1-1-5 网球拍的拍柄

（2）拍弦：拍弦在整个击球效果中，起码占有 50% 的份额。其质量的高低以及作用的大小主要取决于拍弦的材料、粗细及穿弦拉力的大小（图 1–1–6）。

图 1–1–6 拍弦

1）材质：拍弦材料可分为天然肠弦和人造复合弦。最早的天然肠弦是由猪、牛的小肠做成的，后常用羊的小肠来制造，故又称“羊肠弦”。天然肠弦是职业球员的首选弦线，不但弹性好，不易变形，而且防震效果好，但价格不菲，且怕热、怕潮、不耐磨。大多数网球爱好者都选择人造复合弦。虽然弹性与球感差些，但价格较低，且耐磨，其中最先进的“尼龙弦”的效果已能与羊肠弦相媲美。

2）型号：拍弦一般有 15 号（1.4 毫米）、16 号（1.3 毫米）、17 号（1.2 毫米）三种，型号数字越大，拍弦线越细。偶尔出现 15L、16L、17L 的型号，分别代表 15.5 号、16.5 号、17.5 号。细弦弹性好，易控制，是初学者和力量较弱球员的首选；粗弦耐磨，比较适合力量型与主动发力暴打型选手使用。

要根据球拍的材质和拍面的大小来选择拍弦。硬性球拍对球的反弹力大，一般选择较细的拍弦，而软性球拍的反弹力较小，应选择较粗的拍弦；大、中型拍面的球拍穿弦磅数都较大，应考虑材质较好，粗细适中的拍弦，小拍面的球拍应选择较细的拍弦为宜。

3）磅数：每支球拍都标示有穿弦磅数范围，一般最高与最低穿弦磅数之差都在约 4.5 千克（10 磅）以上。大拍面球拍宜穿较高磅数的弦，中拍面及普通拍面可适当降低磅数。力量较大，喜欢上网，运用旋转较多的球员应选择高一些磅数，以利提高控制力；力量较弱，擅长底线抽球的球员宜选用低一些磅数的弦，以增强攻击力。

初学者特别是女性球员，最好选择低磅数拍弦，以加大击球感，减轻初学时手臂的负担。当然，若能在同样型号、不同磅数的球拍中寻找最佳的感觉，那才是选择磅数的最好方法。

图 1–1–7 网球

（3）网球：一般可分为三种，一是比赛用球，其规格、弹性都是标准的；二是训练用球，弹性差些，但十分耐用；三是普通球，既不耐用，弹性也差，但价格低廉。初学者应选择比较软、弹性弱或稍大些的训练用球，以降低球速，增加初学者的击球回合和击球次数，还能比较快地提高球感。有一定基础的练习者，最好选用标准球，即比赛用球，至少应选择优质的普通球，以培养良好的球感（图 1–1–7）。

（4）减震器：减震器对于提高击球的稳定性，以及防止手臂受伤，却能起到一定的作用。目前，市面上可见到多种图案、多种形状的减震器，最常用的是与网球拍相同商标的减震器。一是用来装饰心爱的球拍，二是起到减少球拍震动的作用。

减震器的选用和安装可视个人的审美与手感而定，但安装的部位必

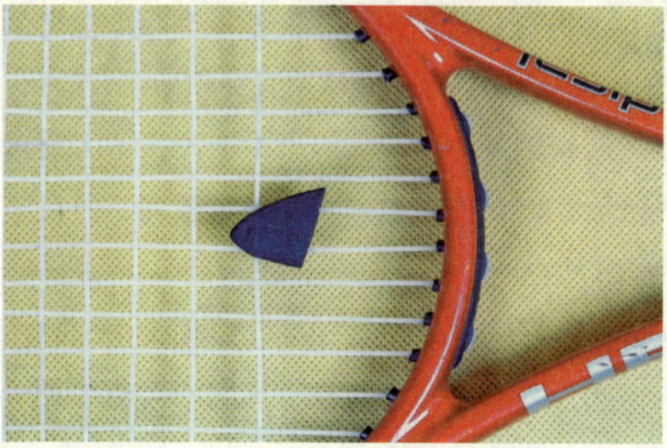

图 1-1-8 减震器

图 1-1-9 吸汗带

须符合规则要求，装在弦线交叉的格线之外，也就是说横竖弦交错地方是不可以安装减震器的（图 1-1-8）。

（5）吸汗带：为了防止手汗过多而造成握拍打滑的现象，常常在拍柄中缠绕吸汗带，也可以在拍柄较细的情况下起到增粗的作用。吸汗带有皮质、PU 材质和毛巾材质几种，并添加了纹理、打洞、磨沙的处理，练习者可根据自己的手感和爱好进行选择，若能配合使用吸汗的毛巾护腕，对保证手掌与拍柄的干燥，效果更佳（图 1-1-9）。

（6）球网：在一个双打和单打兼用的网球场地，必须挂双打球网。球网是由高度 1.07 米（3 英尺 6 英寸）的两根网柱支撑，单打的网柱中心距单打场地边线为 0.914 米（3 英尺），双打网柱中心距离双打场地边线是 0.914 米（3 英尺）。

球网的中央高 0.914 米（3 英尺），并用不超过 5 厘米（2 英寸）宽的白色活动中央带紧束于地面，用此来调节球网中心的高度。网球球网不仅是一个竖在球场中间的障碍物，由于它在场地中不等高的特点，它还能支配你的打法和击球类型，促使你选择最佳和最有效的打法（图 1–1–10）。

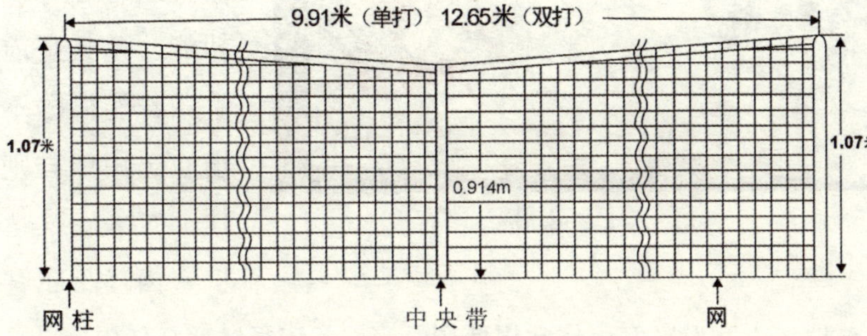

图 1–1–10 网球球网

（7）风力发球机：由风力推动驱使。一般的发球机可容纳 138 个球，有 3 秒、6 秒、12 秒等间隔的速率，能模拟各种速度发球，发各种旋转球以及比赛中完整的来回球，是一种便捷、高效地提高网球技术的训练器材。

（二）网球服饰与礼仪

网球服饰

（1）服装：网球服装质地轻柔、飘逸，色彩鲜艳、大方，是网球场上一道靓丽的风景线。男装以各种 T 恤为主，女装则以不同款式的网球裙著称（图 1–2–1）。

（2）鞋袜：好的网球鞋必须柔软、坚固，不但可以保护脚，而且能增加脚部的力量。网球鞋的舒适与否，不是看鞋面是否时尚，主要取

图 1-2-1 网球服饰

决于鞋底的性能和感觉。网球鞋的鞋底必须耐磨、有弹性且适合各种制动功能，尤其是前脚掌。若能根据不同场地选用球鞋则更佳，如平底鞋适用于室内，凸底鞋可用于草地，人字形鞋底可作常规使用。当然，田径鞋适合任何运动，是最经济、实用的一种运动鞋（图 1-2-2）。

网球袜主要是舒适和能吸汗就可以。当然，好的袜子还能保护脚踝、脚跟和脆弱的跟腱，如能和服装、鞋的颜色相搭配，则让人有更好的视觉美感。

图 1-2-2 网球鞋

（3）护腕：弹性适中的护腕能起到加固手腕、加强手腕力度和防止腕关节损伤的作用，选择毛巾护腕可吸汗，保持手掌干燥，还可擦脸、前额上的汗水等。当然，不同色彩、不同款式、不同品牌的护腕也可衬托出网球服饰的整体效果（图 1–2–3）。

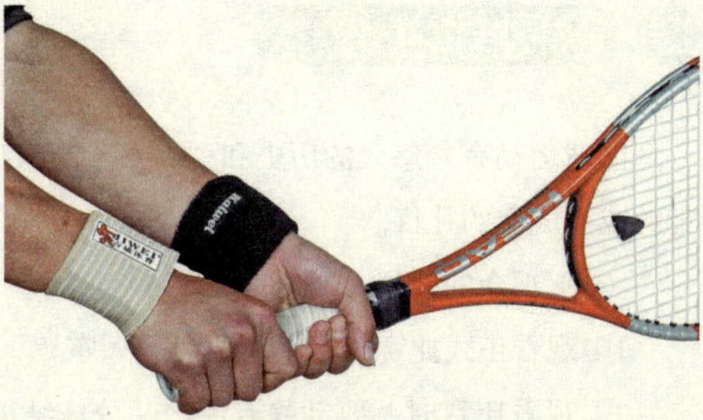

图 1–2–3 护腕

（4）护肘：网球爱好者在练习时肘部若有不适，就应使用护肘，护肘既能减少肘关节损伤或减轻肘关节的压力，又能减轻击球的负担，提高击球的效果。护肘的弹性应适中，以能缓解伤势而又不阻碍肘部运动为宜（图 1–2–4）。

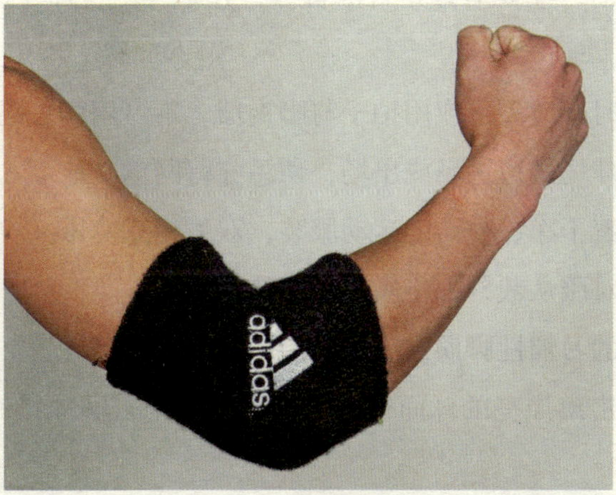

图 1–2–4 护肘

网球服饰还有网球帽、发带、发箍等。

网球礼仪

网球运动有着悠久的历史和“高贵”的出身，自然形成了一系列特定的或不成文的礼仪。

（1）观众的礼仪

1）观看正式比赛时，绝对要对号入座。

2）观看比赛时，要动静有序，一分球结束后可发出雷鸣般掌声，当运动员进入准备发球状态时，则需保持肃静。

3）对待裁判判决的最佳态度就是沉默和尊重，切勿起哄或辱骂。

4）确需在观众席上走动时，也应在运动员打完一分球后，用最短的时间，在最不显眼处进出。

5）追星要有度，向球星索要签名，应在比赛结束之后。

（2）运动员的礼仪

1）训练或比赛前，应向同伴问候、致意，赛后应相互握手致谢。

2）发球前，注视对方是否准备好，并举一下持球手示意，不可乘虚而“发”。

3）拣球时，应用手或用拍子与脚夹球，不可用脚去踢球。

4）应在球场两边进场或出场，切忌穿行网球场地。

5）应穿着干净、整洁的运动服装，双方相互尊重。

6）应绝对服从裁判，也应绝对相信对方。

7）对方的习惯性脚误，应予提醒，但不可过分计较。

8）对方击出漂亮的球而得分时，用手掌拍打网球拍面，表示称赞和欣赏。

9）不要辱骂、嘲笑对方，也不可摔拍、扔拍、踢球，发泄不满。

10）当球击中对手或碰到网带等意外得分时，应举起手或球拍表示歉意。

11）比赛中，当对手突然摔倒或受伤时，应赶快跑到网前表示关心。

（三）网球术语

在进行网球技巧训练前，要先掌握一些常用的网球术语。许多网球术语已在有关章节中介绍，在此仅将部分比较陌生的网球术语作一概要的解释。

拍面（racket face）：是指拍框内，拍弦部分的面积。

拍头（racket-head）：包含拍框和拍面部分。

开放式拍面（open face）：指略为后仰的拍面。

关闭式拍面（closed face）：指略为前倾的拍面。

开放式站位（open stance）：两脚左右分开，平行站立的方式。

关闭式站位（closed stance）：两脚前后分开，纵向站立，两脚呈一直线或前脚略超过后脚的站立方式。

上升球（on the rise）：指落地反弹后，还在继续上升的球。

甜点（sweet spot）：是位于拍弦中心部位的一个区域，在此区域击球无论手感还是效果都很好，有一种舒适、甜蜜的感觉，故称之。

击球点（contact point）：是指球拍击球时与球接触的位置。一是与击球者身体前后的距离，二是与击球者身体左右的距离，三是击球点与地面的垂直距离。

环状引拍（circular back-swing）：向后引拍时由下向上划弧，如划一个“C”字。

直线引拍（flat back-swing）：向后引拍时直线后摆。

打近身球（approach）：朝着对方身体的方向击球。

破网（break point）：用直线、斜线及吊高球等方式突破对方网前截击的击球技术。

击反弹球（half-volley）：击球者几乎在来球落地的同时，不等球弹跳起来就迅速将球阻击回对方场区。

对拉（rally）：双方在底线用正手或反手连续抽球和回击。

深区（deep ball）：是指比较靠近底线附近的区域，是球员回球比较困难的区域。

走廊（alley）：单打边线与双打边线之间的区域，宛如一条又长又细的走廊。

平分（deuce）：在三个平分后，既 40 ∶ 40（3 ∶ 3）之后，又出现平分的报分。

占先（advantag）：在三个平分后，既 40 ∶ 40（3 ∶ 3）之后，领先一方称之。

脚误（foot fault）：发球时脚踩在发球线或发球区内。

双误（double fault）：连续两次发球失误。

局点（game point）：每局的最后一分。

破发点（break point）：接发球球员在接发球局领先的最后一分。

盘点（set point）：每盘的最后一分。

赛点（match point）：每场比赛的最后一分。

（四）赛前热身与球性练习

热身活动

在进行网球训练与比赛前，先做几套热身活动，使全身各部位的关节、肌肉得到充分的活动和舒展，不但利于球员更快地进入竞技状态而且能更积极地预防运动损伤。热身活动包括肘部、肩部、臂部、手指、腿部、踝关节、颈部、腰部和膝部的伸展运动。

（1）肘部伸展运动（图 1-4-1）

1）肘关节向上抬，手尽量向后触及后背。

2）肘向上抬至最高处时，手臂外旋。

图 1-4-1 肘部伸展运动

（2）肩部伸展运动（图 1–4–2）

1）两手交握（掌心向上），两臂上举，尽量后伸。

2）两臂前平伸，两手平放在墙上，肩部向下压。

图 1–4–2 肩部伸展运动

（3）臂部伸展运动：一臂胸前平伸，尽量向异侧伸展，另一手从下压住手腕部位，往异侧拉（图 1–4–3）。

（4）手指伸展运动：一臂前平伸，另一手握其手指朝自己的方向掰，也可对墙或两人相对直臂对压掌指（图 1–4–4）。

图 1–4–3 臂部伸展运动

图 1–4–4 手指伸展运动

（5）腿部伸展运动：在一定高度的物体上做正压腿和侧压腿（腿要直、支撑脚掌不离地面）动作（图 1–4–5）。

图 1-4-5 腿部伸展运动

（6）踝关节伸展运动（图 1–4–6）

1)呈前弓健步,脚跟不离地面,重心前移下压或后腿渐渐弯曲下压。

2）脚踝慢慢外翻贴地面。

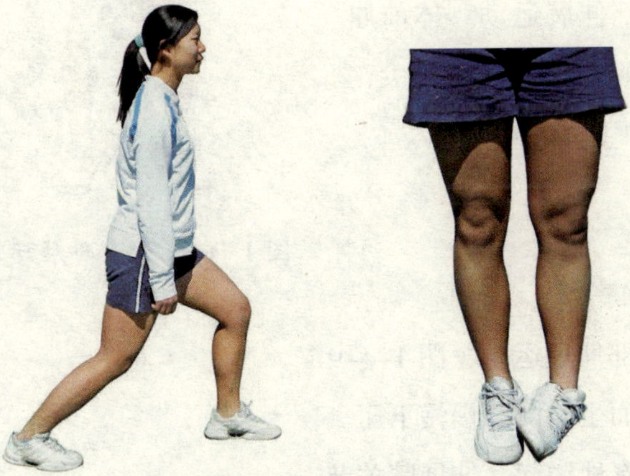

图 1-4-6 踝关节伸展运动

（7）颈部伸展运动：颈部按上下左右顺序运动，在向上和向下运动时稍作停顿，并渐渐加大幅度（图 1–4–7）。

图 1–4–7 颈部伸展运动

（8）腰部伸展运动：体前屈（双脚伸直），右手触左脚尖，左手触右脚尖（图 1–4–8）。

图 1–4–8 腰部伸展运动

（9）膝部伸展运动（图 1–4–9）

1）盘腿而坐，两膝慢慢下压。

2）有节奏地蹲起，伸展膝关节。

3）两膝并拢，做左右旋转。

图 1-4-9 膝部伸展运动

球性练习

球性练习就是为了提高球感而采取的徒手或持拍的辅助练习。经常进行球性练习，能有效提高球员击球的稳定性和熟练程度。

（1）徒手球性练习（图 1-4-10）

1）自抛球

自抛球练习

互抛球练习

对墙抛球练习

图 1-4-10 徒手球性练习

练习：将球抛起，落地前分别用单手或双手抓住，还可在原地转圈后接球；一人抛多球等练习。

2）互抛球练习：两人做类似棒垒球的传接练习、背向互抛练习、多球互抛练习和多人抛接练习。

3）对墙抛球练习：面对墙抛球，单手或双手从空中接球，也可两人对墙互抛互接练习。

（2）持拍球性练习

1）颠球：用球拍向上颠球，比较熟练后，可进行变节奏颠球、转圈颠球、行进中颠球，以及计时、计数颠球和正与反拍交替颠球等（图1-4-11）。

2）拍球：对着地面拍球，熟练后可按颠球形式练习（图1-4-12）。

图 1-4-11 颠球

图 1-4-12 拍球

3）拍球与颠球结合：可按不同的口号、节奏进行颠球与拍球的交替练习。

4）对墙颠球：先交替练习拍上颠球与对墙颠球，逐渐过渡到连续对墙颠球，对墙距离也可逐渐加大（图 1–4–13）。

图 1–4–13 对墙颠球

5）拍框颠球：用球拍框边缘练习颠球，难度较大，要集中注意力（图 1–4–14）。

6）拍框拍球：用球拍框边缘练习拍球，难度更大，要有耐心还要细心（图 1–4–15）。

图 1–4–14 拍框颠球

图 1–4–15 拍框拍球

7）两人对墙颠球：按照对墙颠球的方式两人交替进行练习（图1-4-16）。

8）两人颠球：两人面对面，隔网进行正拍、反拍及正、反拍结合的颠球练习（图1-4-17）。

图 1-4-16 两人对墙颠球

图 1-4-17 两人隔网颠球

（五）网球运动中常见损伤的防治

网球肘

网球肘是网球运动中最典型的运动损伤，主要表现是在靠近肘部外侧和内侧肌腱上端的骨附着点上红肿和疼痛。

（1）损伤原因

1）正手击球时，直臂或明显用前臂挥摆击球。

2）反手击球时，没有合理地运用身体力量，手臂过于发力，肘部过于急速伸直。

3）击球时，肘部常远离身体，经常不能击中“甜点”（拍的中部）区。

4）过于暴力击“软球”，或大力击球时的漏球或空击球。

5）球拍拍头过重，减震效果差，穿弦磅数过大，给手臂和肘关节增加负担。

（2）治疗方法

1）早期治疗：早期症状轻微，注意运动时做好准备活动，运动时戴上护肘，运动后患肢适当地放松休息。同时辅以按摩和理疗即可。

2）急性期治疗：在急性肘损伤时，最有效的是冷却疗法，但要控制冷敷时间，不宜过长，并要绝对禁止可能造成肘部损伤的练习。疼痛减轻后，可做些加强肘关节周围肌肉力量的辅助练习和改进过的技术动作练习，两个月后方可参加常规练习。

3）慢性期治疗：采用各种按摩来放松前臂肌肉和侧幅韧带，采用做手臂的各种伸展运动练习来缓解伤痛。

肩部损伤

肩部损伤是由于使用肩关节的技术动作超过了正常的生理范围而引起的损伤，在网球运动的发球和高压球练习中最为常见。

（1）损伤原因

1）肩部的肌肉、韧带的柔韧性、灵活性差，力量小，适应不了发球和高压球等练习时肌肉刺激的强度。

2）技术动作不准确，使用肩关节技术动作超过了正常的生理范围。

3）发球、高压球的练习量过大，肩部的关节、肌肉、韧带负担过重。

4）高压击球时，动作过猛，击漏或击空球等。

（2）治疗方法

1）急性期仍要冷敷，加上完全的休息，疼痛缓解后可采用多种理疗、热敷及肩部热水淋浴等。

2）急性期过后，可定期对肩背肌肉及穴位进行按摩，并配合做些轻微的肩部伸拉练习。

3）恢复期要格外注意适量的运动，做肩部伸展练习，动作要循序渐进，要逐渐增加练习力量和练习幅度。

4）加强肩部向上、下、左、右、前、后的伸展练习，提高肩部的柔韧性。

踝关节损伤

网球运动尤其是在网球比赛中，球的变化多，偶然性大，运动员变向移动、快速启动和急停都十分频繁，极易造成踝关节扭伤。

（1）损伤原因

1）踝关节柔韧性差、力量弱。

2）准备活动不充分，踝关节未充分伸展，就进入了剧烈的运动状态。

3）盲目做些多余的危险动作，缺乏在做非正常动作或失去平衡的状态下的自我保护经验。

4）缺乏对特殊场地（太硬、太涩、不平整等）的适应能力，例如选用的运动鞋不合脚或与场地不合等。

（2）治疗方法

1）冷敷：踝关节扭伤，只要没有伤及骨头，都应就近、尽快地采用冷敷，可用冷水浸泡或冲淋，最好用冰块（毛巾包裹）裹在踝关节周围。

2）冷、热敷交替：伤情稳定后，可在两盆冷、热水之间进行短暂、快速地交替浸泡，热水泡的时间略长些，以促进血液循环，尽快消除淤肿。

3）按摩配合热敷：用活血药水进行按摩，同时配合采用各种热敷，尽快恢复功能。

4）恢复适度训练：要根据功能恢复情况，由静到动，由近到远，由小到大地恢复适度练习。

5）加强立踵和跳跃练习：经常进行踝关节内、外翻及绕环的静力性伸拉练习，经常进行前脚掌的蹬伸、跳跃练习，以提高踝关节的力量和柔韧性。

二、网球基本技术与训练

握拍与步法

正手击球技术与训练

反手击球技术与训练

发球技术与训练

截击技术与训练

高压球技术与训练

放小球技术与训练

挑高球技术与训练

（一）握拍与步法

握拍

网球的握拍大体可分为“东方式”“西方式”和“大陆式”三种。网球的握拍法与网球拍柄上的八个面密切相关。八个面分别为：上平面、右上斜面、右垂直面、右下斜面、下平面、左下斜面、左垂直面和左上斜面（以拍面与地面垂直时为准），见图 2-1-1。

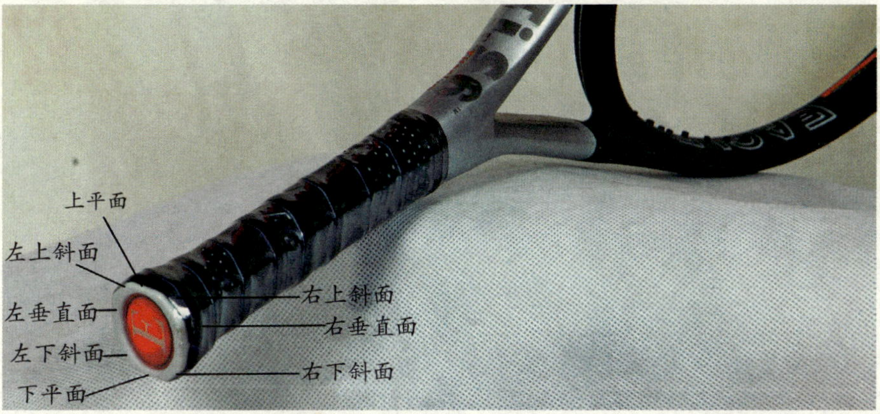

图 2-1-1 网球拍柄上的八个面

（1）东方式正手握拍法：这是一种很自然的握拍方法，适合打各种高度的球，大多数初学者和业余选手都选用这种握法。握拍时，手和拍柄类似“握手”，虎口对准拍柄的右上斜面上缘，手掌根部与球拍端面平齐，手掌与拍面平行，食指稍伸展（图 2-1-2）。

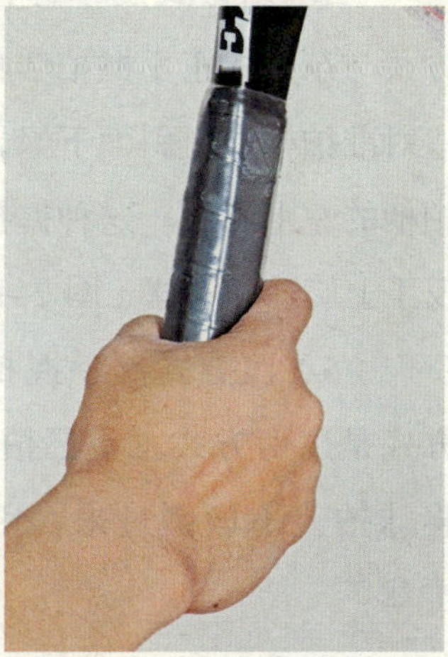

图 2-1-2 东方式正手握拍法

（2）大陆式正手握拍法：握拍时犹如“握锤”，虎口对准拍柄上平面的中心，大拇指与食指紧挨，其他手指与食指稍分开。这种握拍法可用于多种击球方式，尤其适用于低球和截击球（图2–1–3）。

（3）西方式正手握拍法：握拍时，虎口对准右上斜面下缘，掌跟及食指都贴在拍柄的右下斜面上,这种握拍法有利于打上旋球和高球(图2–1–4）。

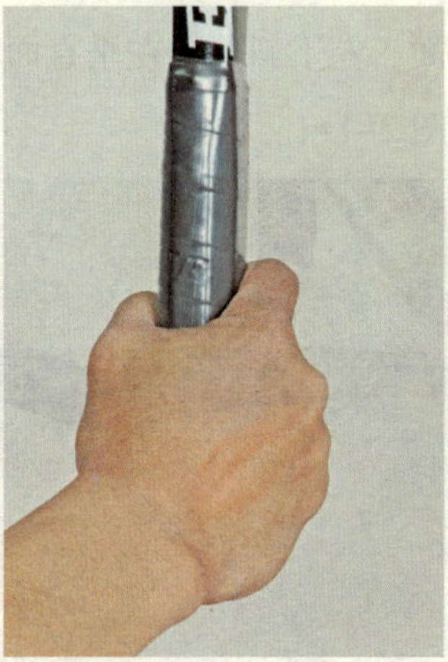

图 2–1–3 大陆式正手握拍法

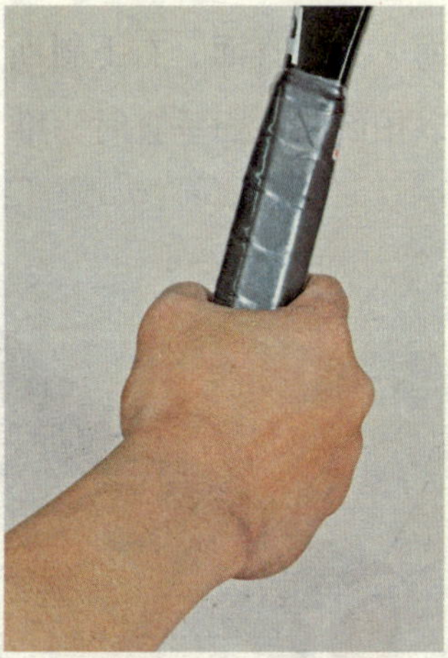

图 2–1–4 西方式正手握拍法

（4）东方式反手握拍法：持拍方式与东方式正手握拍法相似，仅虎口对准拍柄左上斜面下缘，掌根压住拍柄的左上斜面。这种握拍法适用于反手上旋球和削球（图2–1–5）。

（5）西方式反手握拍法：持拍方式是以西方式正手握拍法为标准，将球拍上下颠倒过来，用同一拍面击球。

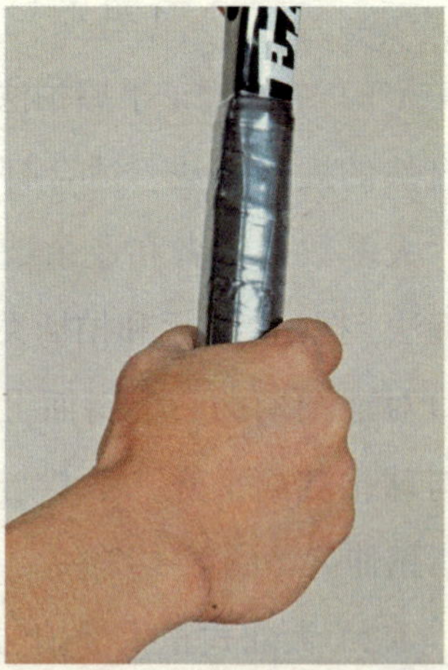

图 2–1–5 东方式反手握拍法

（6）双手反手握拍法：右手采用东方式反拍握法，左手采用东方式正拍握法，右手在下，靠紧拍柄末端，左手在上，紧靠右手。这种握拍法有利于增加击球的旋转度和力度（图2–1–6）。

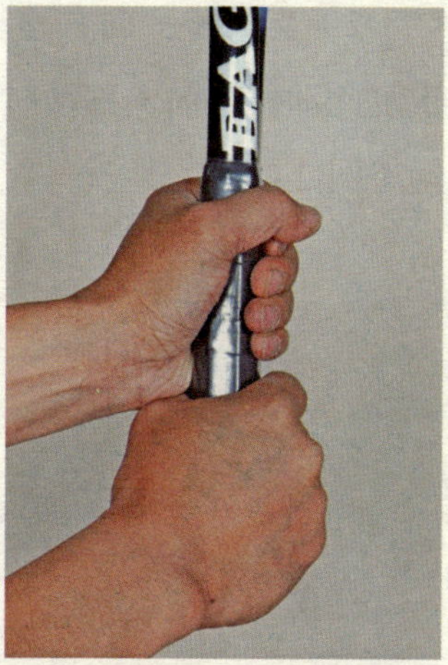

图 2–1–6 双手反手握拍法

（7）发球与高压球握拍法：初学时，采用东方式握拍法，有一定基础后逐渐转为大陆式握拍法。

（8）截击球握拍法：初学正、反手截击球时，最好都相应采用东方式正、反手握拍法。球感增强后，再转换为大陆式握拍法。

（9）挑高球握拍法：正手挑高球，以东方式正拍握法为主；反手挑高球时，应以东方式反拍握法为主。

步法

（1）击球前的移动步法（以右手持拍为例）

1）滑步：向前移动时，蹬出右脚，同时向前迈左脚，重复此动作。常用于短距离的前后移动击球（图 2–1–7）。

图 2–1–7 滑步

2）交叉步：向右移动时，右转体，左脚前跨交叉于右脚侧前方，重复此动作。向左移动时，方向相反，动作相同。多用于底线左右的移动（图 2–1–8）。

图 2–1–8　交叉步

（2）正手击球的步法：东方式正手击球通常采用闭锁式步法（图 2–1–9），侧对来球，两脚前后站立，击球前，重心在后脚，击球时向前迈步，重心移至前脚。西方式正手击球一般采用开放式步法（图 2–1–10）两脚平行站立，击球时，重心落在后脚上，利用转肩、转体的力量提拉上旋球。

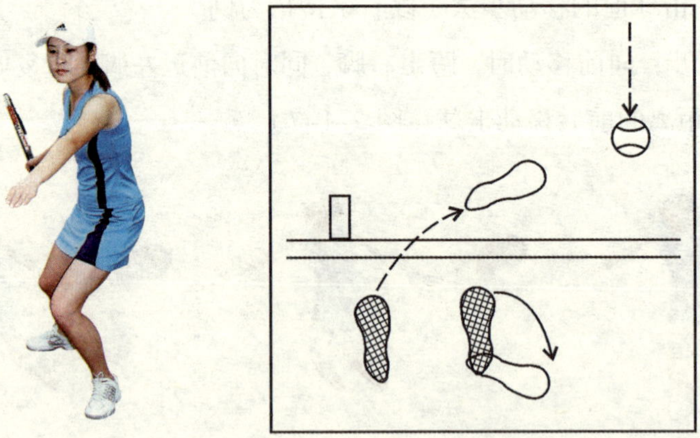

图 2–1–9　正手闭锁式步法

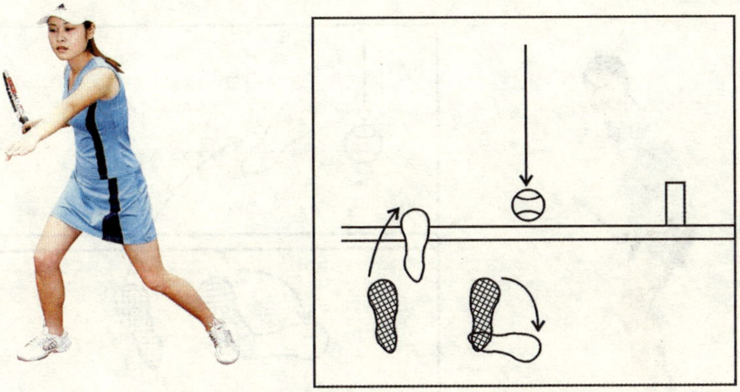

图 2-1-10　正手开放式步法

（3）反手击球的步法：反手击球主要依靠支撑脚的转动发力，多采用小开立（与肩同宽）的步法。单手反拍击球（图 2-1-11），右脚要跨过左脚，保持背对来球，击球时重心在前脚；双手反拍击球有两种站姿，一种是侧对来球，两脚前后分开的闭锁式站立（图 2-1-12），另一种是双脚左右分开与球网大致平行的开放式站立（图 2-1-13）。

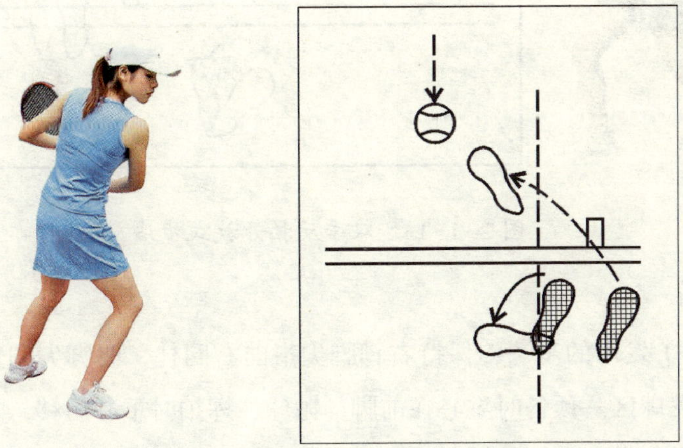

图 2-1-11　单手反拍步法

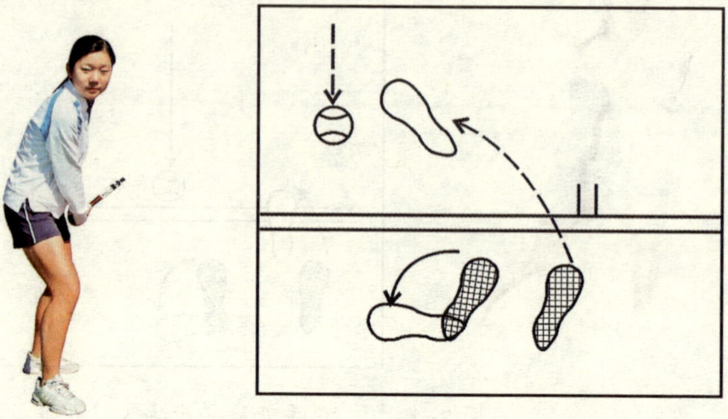

图 2-1-12　双手反拍闭锁式步法

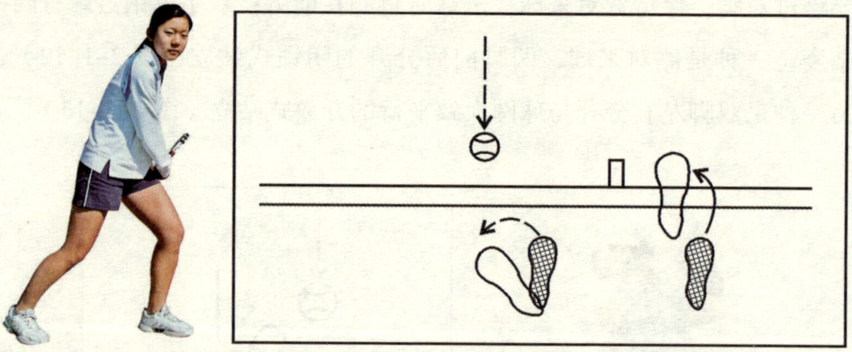

图 2-1-13　双手反拍开放式步法

（4）发球的步法：保持右脚脚尖指向右网柱，两脚尖的连线指向相应的发球区。预备时重心在前脚，抛球、挥拍时重心后移，击球时重心前移，向前蹬腿（图 2-1-14）。

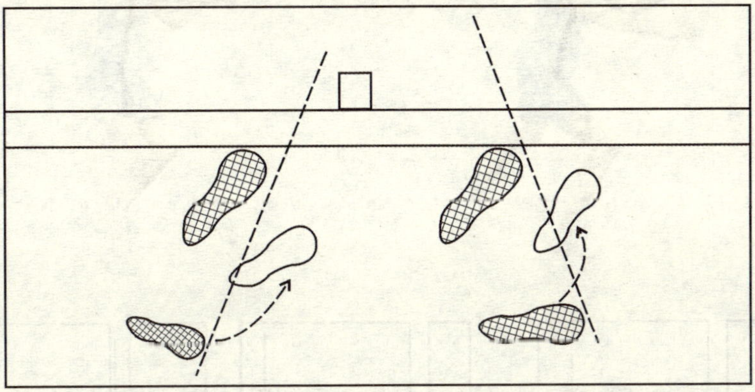

图 2-1-14　发球的步法

（5）截击球的步法：正手截击（图 2-1-15）时，采用向前跨出左脚，侧对来球迎击；远离身体的正手截击时，采用左脚跨过右脚的步法击球；追身球截击时，要迅速后撤右脚，侧身前移挡击球。反手截击球的步法（图 2-1-16）方向相反。

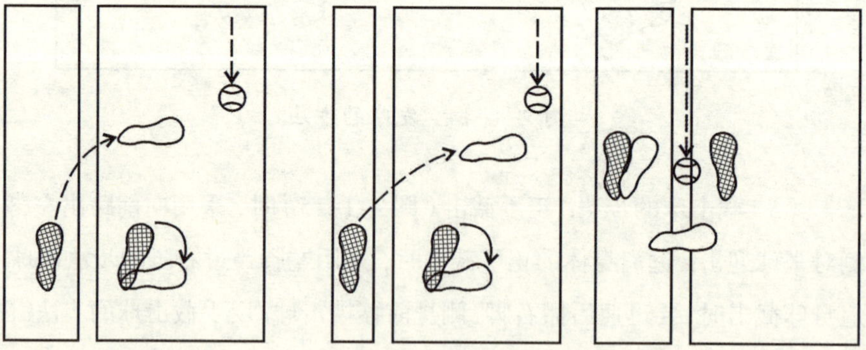

图 2-1-15　正手截击球的步法

图 2-1-16　反手截击球的步法

（6）高压球的步法：高压球步法有两种。一是侧后交叉移动步（图2-1-17），右脚后撤，侧对来球，左脚在右脚前交叉，右脚向后侧步，左脚向右脚靠拢成并步，右脚继续后撤成开立，左脚向前跐一小步，重心前移击球。二是后侧滑步（图2-1-18），右脚向后撤步，侧对球网，左脚向右脚靠拢成并步，重复此动作。

图 2-1-17　侧后交叉移动步

图 2-1-18　后侧滑步

（7）步法的练习

1）抛球步法练习

① 练习者向上抛球，看准时机，向前垫步接球。

② 两人相距大约 5 米，互相抛球，在接球刹那向前跨步。

③ 教练向前、向后抛球，要求练习者向前用垫步，向后用侧交叉步移动接球。

2）场地步法练习

① 在球场后半区的小长方形区内做侧滑步与小步跑交替练习，直线用滑步，斜线用小步跑（图 2-1-19）。

② 降低重心，用滑步与交叉跑连续触摸同场区的四个点（图 2-1-20）。

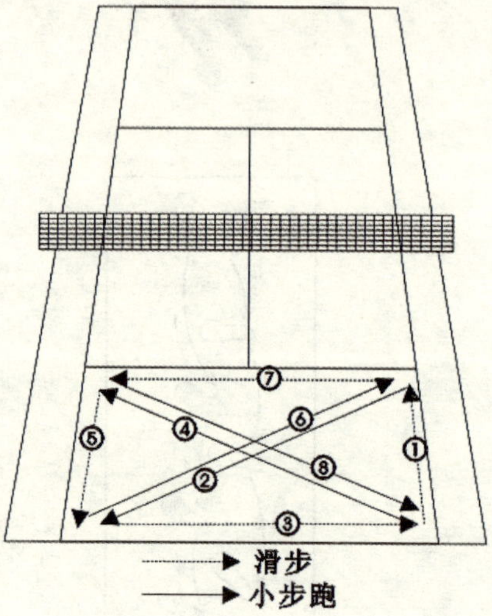

图 2-1-19　滑步与小步跑练习

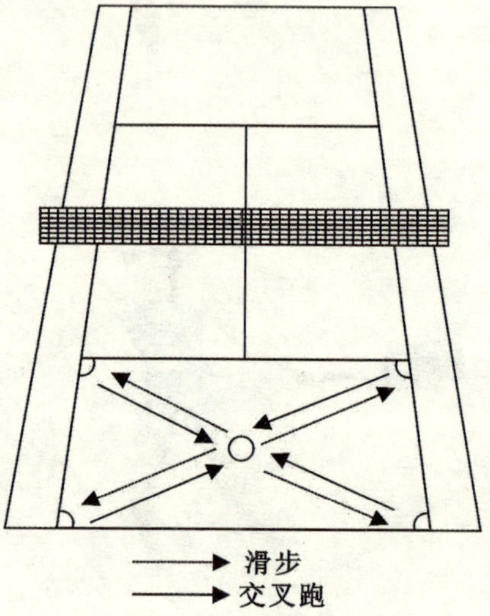

图 2-1-20　滑步与交叉跑练习

③ 教练在网前将球依次抛向场区的四个角，要求学员在球第二次落地前接住，并回传给教练（图 2-1-21）。

3）持拍步法练习

① 持拍颠球和拍球时，按教练口令向前、向后、向侧移动，也可进行短距离的颠球和拍球的接力赛。

② 自己抛出各种方向的球，而后移动脚步击球；教练也可在场地上抛出直线、斜线和短球，要求学员快速移动击球。

③ 全场综合移动练习：学员发球后，随球至中后场截击或打反弹球→继续向前→在网上截击→快速侧身用交叉步后移→在中场击打凌空

球→继续后移→到底线后追打高远球（图 2-1-22）。

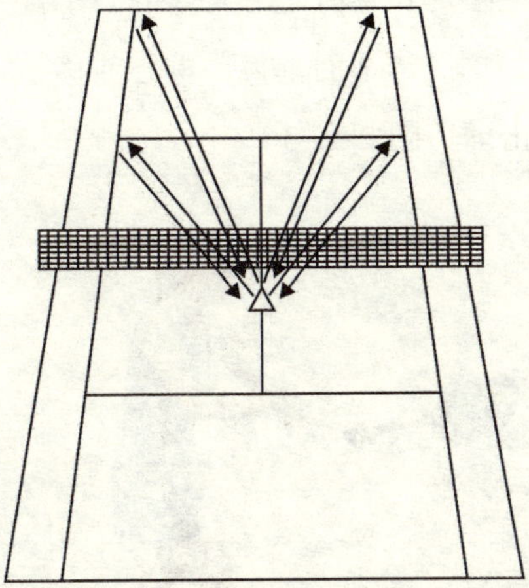

图 2-1-21　接球与回传球练习

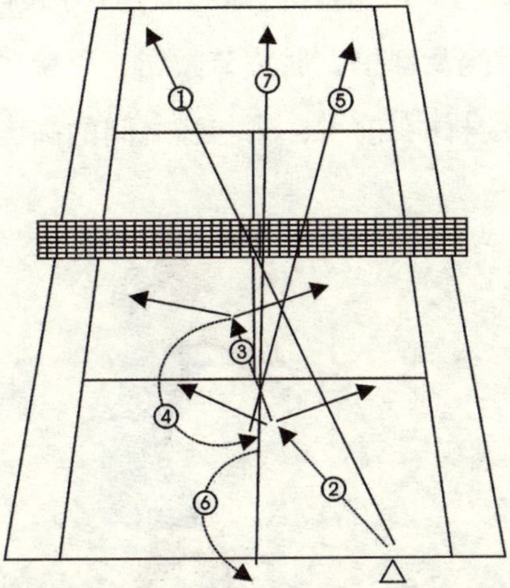

图 2-1-22　全场综合移动练习

（二）正手击球技术与训练

正手击球技术包括正手平击球、正手上旋球、正手下旋球，其基本动作都是由准备姿势、转体引拍、前挥击球、自然随挥、快速返回五个阶段组成。

（1）准备姿势：面对球网，双脚开立稍宽于肩，两膝微屈，上体稍前倾，重心落在前脚掌上；右手握拍，左手扶住拍颈，置于体前，拍头略高于手腕，不遮视线，身体放松，眼睛注视来球，随时准备移动（图 2-2-1）。

图 2-2-1　准备姿势

（2）转体引拍：左手轻轻向右侧推拍，同时转肩转胯，带动右手快速平稳地向后引拍，重心后移，左脚前踏，左肩对网，右臂微屈，拍头略高于手腕（图2-2-2）。

（3）前挥击球：向前挥拍时，以肩关节为轴，用大臂带动小臂、手腕及球拍，肘关节微屈，手腕紧锁，拍面与地面垂直，重心前移，并在身体右前方，腰与膝之间的高度上击球（图2-2-3）。

图2-2-2 转体引拍

图2-2-3 前挥击球

（4）自然随挥：击球后，球拍向击球的方向自然挥出，肘关节向前、向上抬起，下巴或右脸颊尽量贴近右肩或大臂，左手上举到左肩上方扶住拍柄，犹如将球拍扛在肩上一样（图2-2-4）。

（5）快速返回：随挥动作完成后，迅速复原到准备姿势，以便迎击下一个来球（图2-2-5）。

图2-2-4 然随挥

图2-2-5 快速返回

正手平击球

正手平击球是网球基本技术中最常用的一种击球方法，也是初学者最先学习的一种击球技术。

（1）引拍：持拍手直线水平后摆或从上向后做弧形摆动至腰的高度，同时转体，肘部微屈，稍顶着腰部，拍面保持开放式（图 2–2–6）。

（2）前挥：尽可能水平向前挥拍，拍面与地面垂直，球拍略高手腕（图 2–2–7）。

图 2–2–6　引拍

图 2–2–7　前挥

（3）平击：握紧球拍，锁紧手腕，击打球的正后部，并向前推送击球（图 2–2–8）。

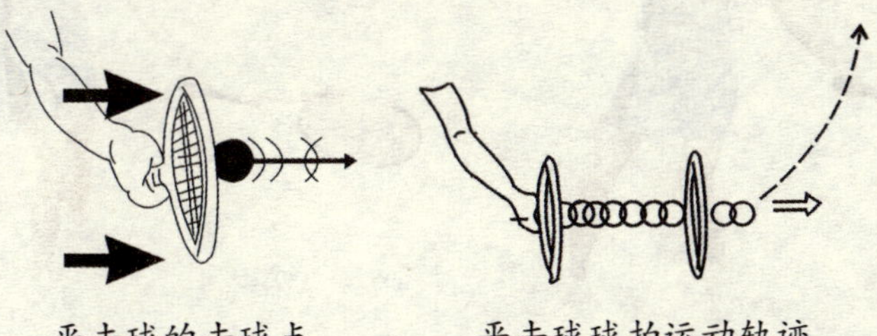

图 2–2–8　平击

（4）随挥：继续向前完成随挥动作，下巴触肩，重心前移，身体朝向击球方向（图 2–2–9）。

图 2–2–9 随挥

正手上旋球

正手上旋球是比赛中常用的，也是成功率较高的一种击球技术，宜采用东方式或西方式的握拍方式。

（1）转体引拍：身体向后摆动的幅度略小，手腕要稍松弛（图 2–2–10）。

（2）前挥击球：击球时，拍头略低于来球，拍面稍向地面倾斜，从网球的后下方向前上方挥拍（如汽车前挡风窗上的雨刮动作），见图 2–2–11。

（3）击球点：稍底于正常的击球，击球点也略后些，击球的后下部（图 2–2–12）。

图 2–2–10 转体引拍

图 2–2–11 挥拍击球

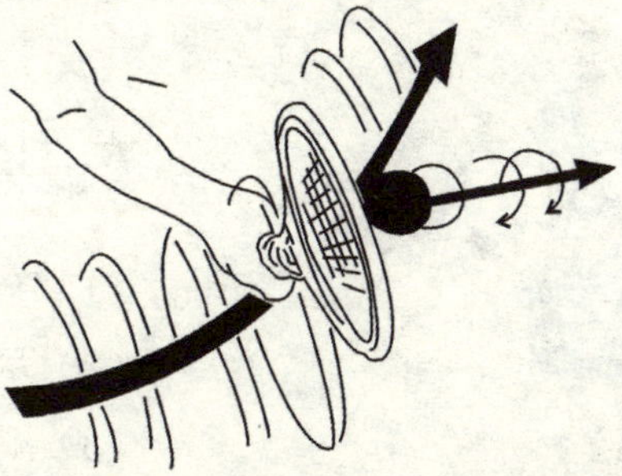

图 2-2-12 上旋球的击球点及挥拍轨迹

正手下旋球

图 2-2-13 转体引拍

正手下旋球也称削球，在上网截击和放小球时常用这一击球技术，宜采用东方式或大陆式的握拍方式。

（1）转体引拍：来球时，右腿后撤，侧对球网，屈臂后摆，竖腕持拍于头侧（图 2-2-13）。

（2）前挥击球：击球时，从后上方向前下方挥拍切击，拍面稍向后倾斜（图 2-2-14）。

（3）随挥动作：拍面触球后，继续向前推送，重心也随之前移（图 2-2-15）。

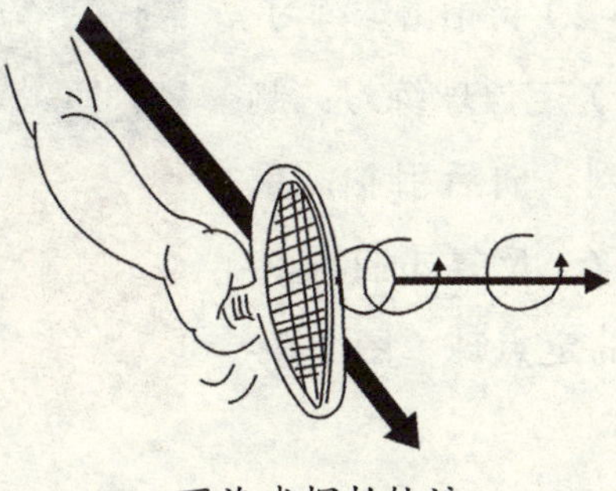

下旋球挥拍轨迹

图 2-2-14 挥拍击球

图 2-2-15 随挥动作

★ 正手击球要诀

（1）全程盯球；

（2）尽快转体；

（3）绷紧手腕；

（4）体前击球；

（5）左上随挥。

正手击球练习方法

（1）持拍徒手练习

1）引拍练习：按口令有节奏地连续向后引拍，练习多次后，突然定位，检查引拍的一次性到位情况。

2）重心在前挥拍练习：从前弓步、后引拍开始，向前挥拍。先放慢速度，体会挥拍线路、幅度，再按正常速度连续练习，每次挥拍结束稍做停顿，检查动作的准确性。

（2）持拍击球练习

1）定位球练习：侧对围网，向后引拍，重心前移，反复击打同伴送来的定点球（图 2-2-16）。

图 2-2-16 定位球练习

2）自抛球练习：自抛各种方向的球，转体引拍，移动到位击球。

3）互抛球练习：两人一组对着围网，一人抛球，一人移动击球。开始时，距离近些，球的变化小些，随后逐渐加远距离、加大变化。

4）底线击球练习：教练隔网送底线球，学员用正手将球抽击过网，根据练习者的水平状况，调整送球的速度和角度。

5）对墙练习：逐渐提高连续对墙击打的次数，稳定后，可两人交替对墙练习。

6）正手对抽练习：两人一组，在场地内进行正手斜线对拉球。开始练习时，注意控制击球的力量、速度和幅度，尽量增加回击次数。

7）回击截击球练习：学员在底线连续回击教练网前截击的来球，增强步法的熟练度，加快击球节奏，提高击球的应急能力。

8）击球准确性练习：两人一组对抽，要求将球击打在规定的区域内，可结合比赛、对抗赛等形式，提高准确击球的成效。

正手击球常见错误与纠正方法

错误一：挥拍击球时，手腕松动，有明显的甩腕动作，拍头过早挥到体侧或体前

纠正方法：

（1）用左手抓紧右手腕或借助他人握住手腕，做挥拍动作，体会锁腕和拍面垂直击球的感觉（图 2–2–17）。

（2）初学击球时，戴上弹性较好的护腕，可帮助绷紧手腕。

（3）对着球场围网，击打教练或同伴抛来的短距离空中球，有助于体验加固手腕击球的感觉（图 2–2–18）。

（4）经常进行对地面的拍球练习，能有效提高击球时手腕的力度。

图 2-2-17 左手抓紧右手腕做挥拍练习

图 2-2-18 击短距离空中球

错误二：击球时，向后引拍太慢，击球点靠后（图 2-2-19）

纠正方法：

（1）从引拍后的姿势开始，左脚向前跨步，不断地击打教练送来的前点球，养成重心前移，向前击球的习惯。

（2）教练隔网送前点球，要求球员向前跨步或向前垫步移动击球，巩固体前击球的技术动作。

图 2-2-19 向后引拍太慢

（3）在正手击球练习时，按教练的提示移动，提高准确判断击球点的能力。

错误三：正对来球时，侧身转体不够

纠正方法：

（1）反复进行侧身引拍打定位球和移动球的练习，强化侧身击球的意识。

（2）击球时，养成左肩对着球网，或左手一直扶拍颈的习惯，迫使转肩、转体，侧对球网（图 2-2-20）。

错误四：向后引拍的幅度过大，造成击球不准或击球不稳（图 2-2-21）

图 2-2-20 左手扶拍颈

图 2-2-21 向后引拍的幅度过大

纠正方法：

（1）多做空拍的挥拍练习，要求向后引拍动作定位后，再做前挥和随挥动作，促使引拍动作的定型。

（2）背靠墙或球场围网，进行向后引拍练习，限制过分向后、向上拉拍（图 2-2-22）。

（3）向后引拍时，在右腋下夹一个网球，引拍时保持球不落地，也能有效地控制引拍的幅度（图 2-2-23）。

（4）初学时，多练习近距离定位球的击球技术，也可防止向后引拍的动作变形　　　　　。

图 2-2-22 靠墙引拍练习

图 2-2-23 腋下夹网球引拍练习

错误五：击球的拍面过于上翻或前倾（图 2-2-24）

图 2-2-24 拍面过于上翻或前倾

纠正方法：

（1）反复练习半程的空拍挥拍，挥至击球点时停止，检查拍面是否与地面垂直。

（2）做挥拍击打球网的练习，要使球拍与球网平行相贴（图2-2-25）。

（3）用左手抓住击球手的手腕进行击球练习，防止手腕转动，保持拍面稳定。

错误六：正手击球时，大臂仅挥至胸前或腹前，向上挥拍不够（图2-2-26）

纠正方法：

（1）挥拍或正手击球时，要强化左手在左肩上方扶拍动作，有意识提高右臂挥拍的高度。

（2）挥拍击球时，尽可能使右肩或右大臂贴着下巴，也能有效地保证大臂挥动的幅度。

错误七：正手击球时，左右手在体前交叉，挥拍动作不协调（图2-2-27）

纠正方法：

（1）每次挥拍击球时，都要求左手指向来球方向。

（2）每次击球后，要求左手在左肩上方扶拍。

图 2-2-25 挥拍击打球网的练习

图 2-2-26 向上挥拍不够

图 2-2-27 挥拍动作不协调

（三）反手击球技术与训练

反手上旋球

打反手上旋球，最好采用东方式反手握拍法，即从正拍握拍位将拍柄沿逆时针方向旋转四分之一，使虎口对准拍柄的左上斜面下缘。

（1）准备姿势：面对球网，双脚开立稍宽于肩，两膝微屈，上体稍前倾，重心落在前脚掌上；右手握拍，左手扶住拍颈，置于体前，拍头略高于手腕，不遮视线，身体放松，眼睛注视来球，随时准备移动（图2–3–1）。

（2）转体引拍：准备击球时，迅速向左转体、转肩，侧对网。同时，左手帮助球拍向左后挥摆，持拍手肘部微屈，拍头稍翘起指向后方，重心落在左脚上（图2–3–2）。

图 2–3–1 准备姿势

图 2–3–2 转体引拍

（3）前挥击球：右脚向左前方跨一大步，屈膝，降低重心，向右转体，以腰部的转动带动右手，由低向高挥拍。击球时，绷紧手腕，保持拍面与地面垂直，击球点在身体左髋前方（图 2-3-3）。

（4）随挥动作：反手击球后，手臂伸直，继续向上挥拍至身体右侧上方，面向球网，重心落在弯曲的右腿上（图 2-3-4）。

图 2-3-3 前挥击球

图 2-3-4 自然随挥

反手平抽球

打反手平抽球，一般采用东方式反拍握法。

（1）转体引拍：反手平抽球的转体引拍动作与反手上旋球的动作基本相同，仅仅在身体转动和向后引拍上幅度略小一些（图 2-3-5）。

（2）前挥击球：拍头稍翘起，拍面垂直于地面，有横打平击的感觉（图 2-3-6）。

（3）随挥动作：反手平抽球的随挥动作基本与反手上旋球一样（图 2-3-7）。

图 2-3-5 转体引拍

图 2-3-6 前挥击球

图 2-3-7 自然随挥

★ 单手反拍击球要诀

（1）转体迅速，引拍充分；
（2）手腕固定，手臂微屈；
（3）拍头稍高，拍面垂直；
（4）膝前横打，齐腰平击。

双手反拍击球

（1）准备姿势：面对球网，双脚开立稍宽于肩，两膝微屈，上体稍前倾，重心落在前脚掌上；右手握拍，左手扶住拍颈，置于体前，拍头略高于手腕，不遮视线，身体放松，眼睛注视来球，随时准备移动（图 2–3–8）。

（2）转体引拍：判断来球后，尽快转肩、转胯，重心移至左脚。同时，左手顺着拍柄下滑至右手，呈东方式双手反拍握法，迅速向后引拍，球拍稍底于击球点，手腕固定，手臂放松（图 2–3–9）。

图 2–3–8 准备姿势

图 2–3–9 转体引拍

（3）前挥击球：右脚向左前方跨一步，重心前移，靠腰部转动带动球拍由低向前、向上挥击。击球时，右臂伸直，拍面垂直于地面，击球点稍前于右膝（图 2–3–10）。

（4）随挥动作：击球后，球拍应向右前上方挥至极限，拍头朝上，双手高于肩（图 2–3–11）。

图 2–3–10 前挥击球

图 2-3-11 随挥动作

★ 双手反拍击球要诀

（1）移动迅速，判断到位；

（2）尽早转肩，尽快引拍；

（3）伸展手臂，绷紧手腕；

（4）拍面垂直，右前击球；

（5）随挥充分，回位迅速。

反手下旋球

反手下旋球又称为反手削球，是一种稳定、易控制、易掌握、适用广、变化多，以防御为主的击球技术。通常多采用东方式反手握拍法或大陆式握拍法。

（1）准备姿势与反手上旋球相同。

（2）转体引拍：在快速向左转体的同时，向异侧肩上引拍，手臂弯曲，手腕竖起，拍头翘起，重心落在左脚上（图 2–3–12）。

图 2-3-12 转体引拍

（3）前挥击球：右脚向前跨步，重心前移，手腕紧锁，拍头竖起，大臂带动球拍在身体的侧前方向下切击（图 2–3–13）。

（4）随挥动作：击球后球拍应继续前送，并将球拍从低随挥到高处（图 2–3–14）。

图 2-3-13 前挥击球

图 2-3-14 随挥动作

★ 反手下旋球要诀

（1）抬高球拍后摆；

（2）向前向下挥拍；

（3）锁腕竖拍击球；

（4）顺势高处随挥。

反手击球练习方法

（1）挥拍练习

1）按转体引拍、前挥击球、随挥动作三个部分进行分解练习，着重检查动作的规范化和到位率。

2）进行慢节奏的完整挥拍练习，体验挥拍的轨迹、幅度、击球点等。

3）对完整的挥拍练习，要多次反复练习，体验发力顺序，形成正确的动作定型。

（2）击球辅助练习

1）面对围网，两人一组，一抛一击，进行定点、定位击球练习。

2）两人一组，进行近距离抛球、击球练习，抛球稍前，体验前点击球。

3）教练在网前送球，练习者在底线回击，反复练习，提高判断力，掌握击球点。

（3）场地内击球练习

1）两人一组，一人用正手送反手球，另一人连续练习反手抽击技术，逐渐增加抽球回合。

2）教练在网前截击，练习者反手快速回击来球，提高步法的到位率。

3）教练送球或回球，要求练习者将球回击在规定的区域里。

（4）正、反手综合练习：在底线用正、反手进行直线和斜线的对拉，尽量使用反手击球，增加反手击球次数，提高反手击球的稳定性和进攻性。

反手击球常见错误及纠正方法

错误一：转肩不到位，转体不充分

纠正方法：

（1）多做徒手的转肩、转体练习，体会大幅度转动时肌肉的感受。

（2）从转肩、转体的姿势开始，反复击打定位球，逐渐形成动力定型。

（3）移动击球时，要先提供球速慢、反弹小、靠前的球，保证练习者有足够的转肩、转体时间。

错误二：触球太晚，球靠身体太近，击球忽高忽低（图 2–3–15）

纠正方法：

（1）加强步法移动的练习，提高移动到位率。

（2）在教练指挥下，做判断球落点的移动练习，让反弹球控制在身体左前方。

（3）反复进行反拍定位、定点练习，巩固合理的击球位置。

错误三：站着击球，击球点太高，击球稳定性差（图 2–3–16）

图 2–3–15 触球太晚

图 2–3–16 站着击球

纠正方法：

（1）做挥拍练习时，在击球点位置拉一条橡皮筋或其他标志，强化降低重心和降低击球点的训练。

（2）从坐凳或低位引拍姿势开始，进行定位球的击球练习（图 2–3–17）。

（3）多打短而低的移动球，强化向前跨步和降低重心的击球训练。

图 2–3–17 坐凳引拍击定位球练习

错误四：全身协调配合不够，仅靠挥臂击球，击球吃力，控球较难

纠正方法：

（1）多做徒手蹬、伸、转体辅助练习，也可手持器械，强化“蹬转”的训练。

（2）对墙或围网，做定位球击球练习，击球手臂固定，仅靠蹬、伸、转体的力量将球击出。

（3）每次击球后稍做停顿（亮相），看是否重心前移，面对球网，是否完成随挥动作，强化蹬腿和转体训练。

（四）发球技术与训练

发球是最重要的网球技术，也是体现网球实力和赢得网球比赛最重要的手段。

初学发球时，最好使用东方式正手握拍法；当具备有一定的发球技术后，可改用大陆式正手握拍法；在较好地掌握发球技术后，可考虑采用反手握拍法，学习发上旋球。

持球时，用不握拍手的拇指和三个手指顶端，轻握网球（图 2–4–1）。

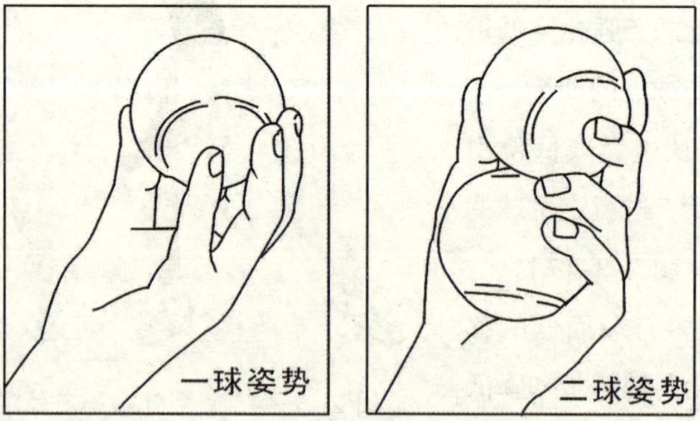

图 2–4–1 持球姿势

单打发球者的站位，一般在离中点右侧（右区发球）或左侧（左区发球）50 厘米处发球；双打发球者可站在离中点 2 米或 2 米以外靠近边线的位置上，站位还应根据不同角度、不同类型对发球有所调整（图 2–4–2）。

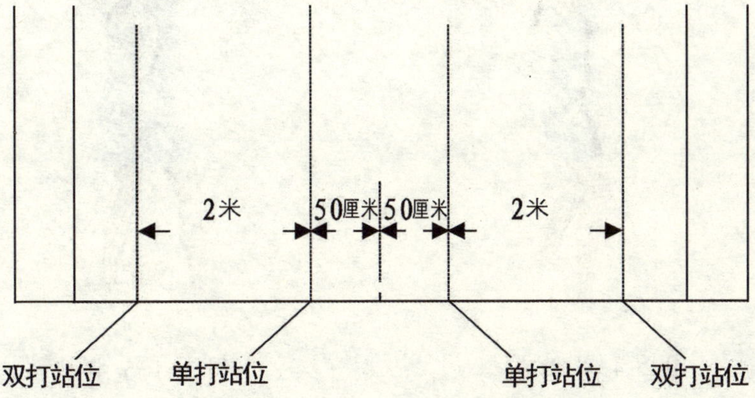

图 2–4–2 单打与双打发球者站位

网球的发球技术包括切削发球、平击发球、上旋发球，其基本动作都是由准备、抛球、挥拍、击球和击球后的随挥这五个部分组成。

（1）准备：两脚开立，与肩同宽，左肩侧对网，左脚距底线约 5 厘米，与底线呈 40° 角，两脚脚尖连线指向发球区域，重心在后脚，左手持球并轻托拍颈于体前（图 2–4–3）。

图 2–4–3 准备

（2）抛球：伸直持球臂，自下而上抬至右上方最高点，平稳柔和地将球抛送至身体的右上方（图 2–4–4）。

（3）挥拍：当球抛向空中的同时，侧转身，右肩带动右臂引导球拍，摆至体后，肘部抬起，拍头靠近背部，形成背弓（图 2–4–5）。

图 2-4-4 抛球

图 2-4-5 挥拍

（4）击球：当球进入击球点时，依次蹬伸踝、膝、髋，用转体带动手臂，向上做鞭打动作，身体及右臂尽量伸直，在最高点击球的瞬间要有明显的扣腕动作（图 2-4-6）。

（5）随挥：击球后，应顺着身体及挥拍的惯性，做好收腹、弯腰、收拍及跟进动作（图 2-4-7）。

图 2-4-6 击球

图 2-4-7 随挥

切削发球

切削发球的准确性高，初学者容易掌握。

（1）站位：发球站位离中点稍远，可以增加球的侧旋效果和发球的稳定性。

（2）握拍：常采用东方式握拍法，但在注重“切”时，可采用大陆式握拍法。

（3）抛球：将球自然平稳地抛至右肩外侧前上方。

（4）击球点：击球的高度应尽可能在伸展击球的最高点（图 2–4–8）；击球时，拍面与击球路线呈一定的角度，拍面触球点在球的右中部或右中下部（图 2–4–9）。

图 2–4–8 击球的高度

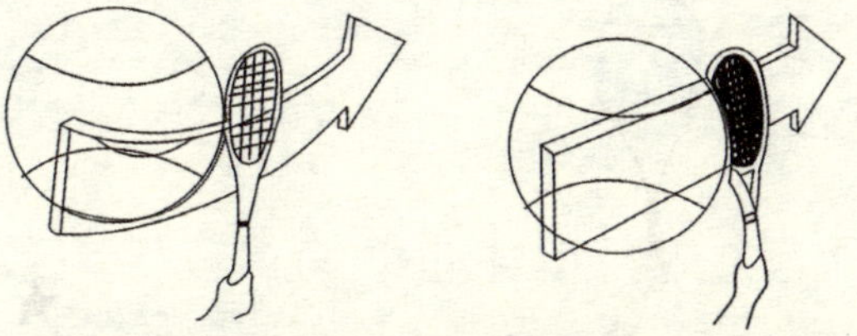

“削”为主的切削发球　“切”为主的切削发球

图 2–4–9 击球点

★切削发球要诀

（1）靠边站位；

（2）球点稍后；

（3）击球右侧；

（4）伸臂扣腕。

平击发球

平击发球又称作炮弹式发球，是一种速度快、力量大，几乎不带旋转的发球。球的飞行路线接近直线发球，一般用于第一发球。

（1）站位：发球时，尽量靠近中点，使发球直线距离缩短，球速增快。

（2）握拍：初学者最好使用东方式正手握拍法，待水平有一定提高后，再改用大陆式握拍法。

（3）抛球：将球抛至右肩前上方。

（4）击球点：引拍时，身体充分伸展，尽量于最高点击球；触球时，拍面与击球方向垂直，球拍触球点在球的正后方中部（图 2-4-10）。

图 2-4-10 拍面与击球方向垂直

★平击发球要诀

（1）近点站位；

（2）体前击球；

（3）展体充分；

（4）平直击球。

上旋发球

上旋发球的飞行弧度大，命中率高，球的落地反弹高，旋转强，并偏向对方左侧，使对方回击难度加大，常用于第二发球。但上旋发球的技术要求高、难度也大。

（1）站位：稍偏离中心位置。

（2）握拍：采用东方式正手握拍法。

（3）抛球：将球抛在左肩前上方。

（4）挥拍：向后挥拍时，身体充分后仰，形成背弓，腰向右后方扭转（图 2–4–11）。

（5）击球：在转体的同时，带动手臂向右上方做弧线运动，拍面触球时，手腕外扣，快速搓击球的右侧上方。击球点稍低于其他发球，击球后手臂落在身体的右前方（图 2–4–12）。

图 2–4–11 击球时身体充分后仰

图 2–4–12 击球后手臂落在身体右前方

★上旋发球要诀

（1）近体抛球；

（2）重心后移；

（3）球点稍低；

（4）手腕外扣。

发球技术要点比较

（1）抛球位置：发上旋球时将球抛在左肩上方，发平击球将球抛在右肩前上方，切削发球将球抛在右肩前上方的外侧（图 2–4–13）。

（2）击球部位：平击发球时，击球的正后中部，切削发球在球的右侧擦击，上旋发球在球的右侧上方击球（图 2–4–14）。

（3）发球轨迹：平击球的飞行路线接近直线，球落地后前冲比较明显；切削球的飞行路线在空中有一定的弧度，球落地后沿着弧线向右侧滑行；上旋发球有较高的飞行弧线，球落地后有急剧向右、向上的旋转（图 2–4–15）。

图 2–4–13 抛球的比较

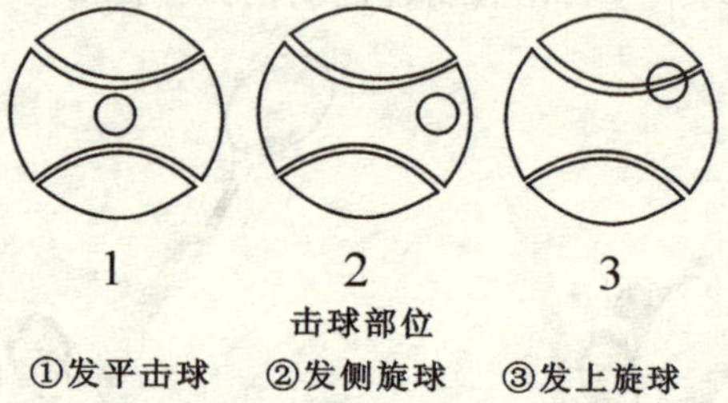

图 2–4–14 击球部位比较

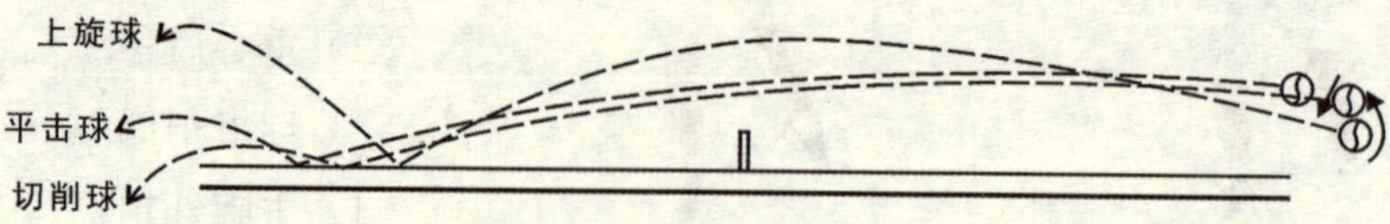

图 2–4–15 发球轨迹的比较

发球练习方法

图 2–4–16 蹲或坐的发球练习

（1）蹲或坐的发球练习：采取蹲或坐的形式，在发球线后做发球练习；根据动作的掌握情况，渐渐拉大发球距离直至底线，重点体验发球的挥拍和击球动作（图 2–4–16）。

（2）不同距离的发球练习：依次在发球线上、发球线后 2 米处、底线处，将球发至对方发球区，体验向上、向前、后下击球的感觉（图 2–4–17）。

（3）对墙的发球练习：在练习墙上画一条与球网等高的标志线，并在标志线中心点上画一个 2 米 ×1 米的长方形区域，然后在距墙大约 12 米处，对准画出的区域练习发球。比较熟练后，渐渐加大发球距离，直至标准球场的距离（图 2–4–18）。

（4）规定区域的发球练习：在发球区内设定内角、中点、外角三个区域，要求在每个区域内完成若干个发球任务；也可在每个区域内设立一个目标点，要求发球时击中目标；还可结合达标、竞赛等形式来提高发球效果。

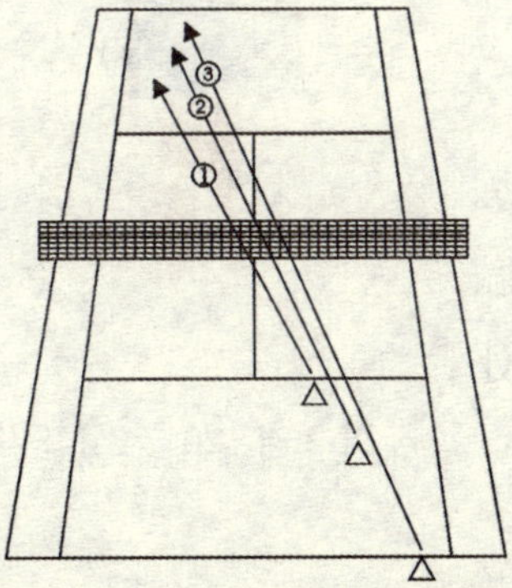

图 2–4–17 不同距离的发球练习

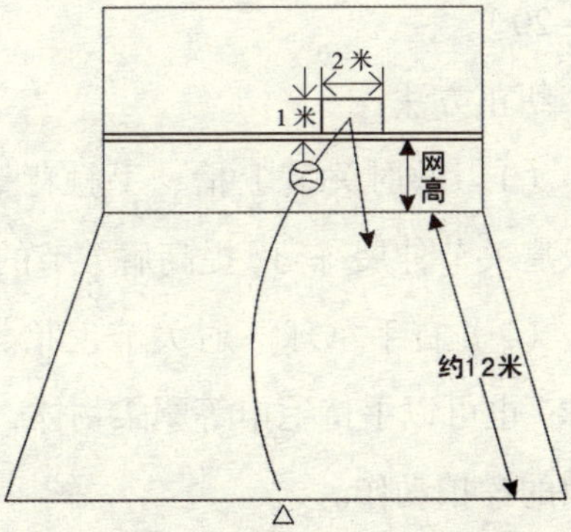

图 2–4–18 对墙的发球练习

发球常见错误及纠正方法

错误一：抛球不稳，靠身体与手臂来调整球，影响发球的成功率和效果

纠正方法：

（1）徒手做臂上举抛球动作，杜绝前臂或手腕的抛球动作。

（2）在发球击球点的上方挂一个标志物。抛球时，尽量触及标志物。

（3）连续做自抛自接球练习，直臂上抛球并让上抛的球自然地落入抛球手中。

错误二：击球点偏低，造成击球臂弯曲，击出的球常下网（图 2-4-19）

图 2-4-19 击球点偏低

纠正方法：在击球点位置，悬挂一个固定网球或软性标志物，挥拍击打之，体验直臂击球和在最高点击球的感觉。

错误三：肘关节上抬不够，缺少向上的“鞭打”力度，常出现大臂下拖现象（图 2-4-20）

图 2-4-20 大臂下拖

纠正方法：

（1）做肘关节上抬、手触背等辅助练习及肩关节伸展练习，提高肩关节的灵活性。

（2）右手拿球，肘关节上抬，向远处扔球；也可以手持毛巾等飘柔物体，做向上、向前的挥拍动作。

错误四：发球时，蹬伸、转肩不够，仅靠手臂发力，导致击球无力

纠正方法：

（1）反复进行徒手的蹬、转练习。

（2）做对墙的排球扣球练习，重点是加强蹬腿和转体力量。

（3）每次发球，都要保证侧对球网站立和击球后面对球网，强化转肩意识。

（五）截击技术与训练

网前截击技术是球员要掌握的不可缺少的进攻性技术，也是网球比赛中的主要得分手段。

正手截击

（1）准备：面对球网，双脚开立稍宽于肩，两膝微屈，上体稍前倾，重心落在前脚掌上；右手握拍，左手扶住拍颈，置于体前，拍头略高于手腕，不遮视线，身体放松，眼睛注视网前，随时准备向右转体，向前移动（图2–5–1）。

图 2–5–1 准备

（2）握拍：初学者采用东方式正手拍握法，熟练掌握后可改用大陆式握拍法。

（3）引拍：肩右转，带动球拍后摆，球拍不超过身体，稍高于肩；拍头翘起，高于手腕，重心落在右脚上（图 2–5–2）。

（4）击球：左脚向右前方跨出，重心前移，肩同时带动臂，在身体右前方做短促有力地向下切击。击球时，固定手腕控制拍面（拍头与地面呈 45° 左右斜面），见图 2–5–3。

（5）随挥：击球后，球拍沿着击球方向撞击出去（不超过身体中线），见图 2–5–4。

图 2–5–2 引拍

图 2–5–3 击球

图 2–5–4 随挥

★正手截击要诀

（1）眼睛盯球，引拍短促；
（2）绷紧手腕，握紧球拍；
（3）引拍要小，拍头向上；
（4）体前击球，刚劲有力。

反手截击

（1）准备：面对球网，双脚开立稍宽于肩，两膝微屈，上体稍前倾，重心落在前脚掌上；右手握拍，左手扶住拍颈，置于体前，拍头略高于手腕，不遮视线，身体放松，眼睛注视网前，随时准备向左转体，向前移动（图 2–5–5）。

图 2–5–5 准备

（2）握拍：初学时，采用东方式反手握拍法，熟练掌握后改用大陆式握拍法。

（3）引拍：身体重心移至左脚，左转体时，带动右臂向左做微小的摆动，左手扶拍颈，手腕锁定，拍头翘起（图 2–5–6）。

图 2–5–6 引拍

（4）击球：右脚向左前方跨出，重心前移，击球时，两手如同在拉一根橡皮筋，右肩和前臂在身体的左侧前方向下切击，左手自然后拉（图 2–5–7）。

图 2–5–7 击球

（5）随挥：击球后，球拍沿着击球方向，做一个很短的随挥动作（图 2–5–8）。

图 2-5-8 随挥

★反手截击要点

（1）转体引拍早，

（2）向前切击快，

（3）手腕球拍紧，

（4）沿球随挥短。

截击球练习方法

（1）徒手进行侧身截击、远离身体截击及追身球截击三种截击球的步法、转身引拍的练习，熟练后再做持拍练习，巩固截击动作。

（2）教练依次抛出正、反手近身、追身、远身球，练习者要根据截击动作，在相应的击球点处接球。

（3）网前的颠球练习：两人相距球网2～3米，一人用球拍颠球3～5次后，将球送过网，对方接球后，也用球拍颠球3～5次后，再将球送回；双方渐渐减少颠球次数，加大距离；先用正拍练习，熟练后改用反拍练习。

（4）规定区域截击球练习：教练在网前做多球喂送，要求练习者依次用正拍和反拍将球截击至规定的四个区域（四个角）。熟练掌握后，可进行正、反手截击的交替练习。

（5）截击底线球练习：教练在底线依次回击直线和斜线球，要求练习者在网前或中场用正手和反手将球截击过网，先截击单线、定点、速度慢的来球，然后加快速度，左右移动截击。

（6）对墙的凌空截击球练习：先做单一方向的连续截击球练习，

再做左右交替的截击球练习，逐渐加大对墙练习的距离，并采用计时、计量的方式，来强化截击球效果。

（7）多人截击球练习：进行三人在网前二对一的连续截击球练习，也可以采用四人在网前二对二按规定线路的连续截击球练习（图2–5–9）。

（8）做中、前场截击球的综合练习（图2–5–10）。

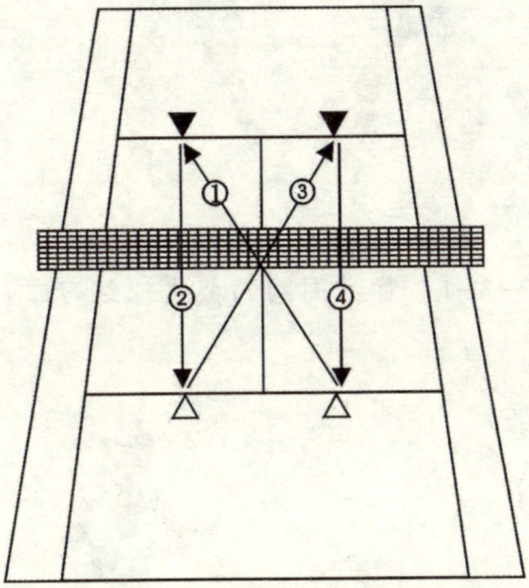

图2–5–9 多人截击球练习

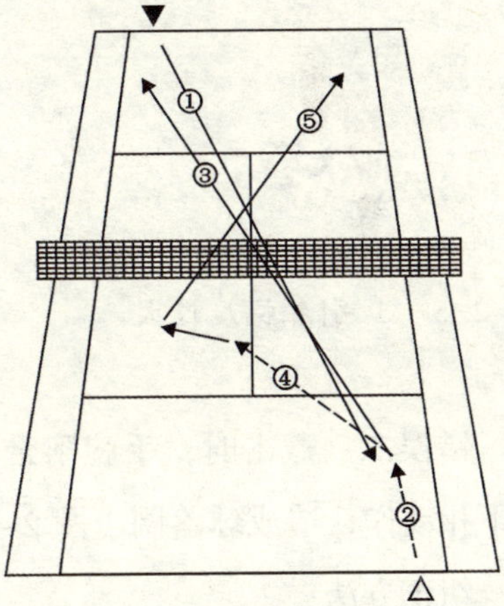

①对方送后场斜线球；②向前移动；③截击斜线球；④冲向网前；⑤截击网前球。

图2–5–10 综合截击球练习

截击球常见错误及纠正方法

错误一：引拍幅度过大，击球过晚（图2–5–11）

纠正方法：

（1）两人互抛球，要求单手肩上接球，体会手臂快速小幅度摆动的感觉。

（2）背对墙或球场围网站立，做正、反手截击球练习；引拍不要碰到墙或围网，强化手臂小幅度摆动训练（图2–5–12）。

图 2-5-11 引拍幅度过大

图 2-5-12 背对围网的截击球练习

错误二：截击时，手腕附带转动或做下扣动作，造成球落网（图 2-5-13）

纠正方法：

（1）两人徒手互抛球，并在体前接球，体验手腕制动和锁腕的感觉。

（2）练习截击球时，适当拉开与球网的距离，避免手腕下压动作。

图 2-5-13 手腕转动或下扣

错误三：截击低位球时，靠弯腰和降低拍头“捞”球，回球效果差（图 2-5-14）

纠正方法：

（1）做下蹲，降低重心，保持拍面移动的截击球练习。

（2）教练送过网低球，要求练习者下蹲并将球截击到固定区域（图 2-5-15）。

图 2-5-14 弯腰和降低拍头“捞”球

图 2-5-15 低球截击

（六）高压球技术与训练

高压球，又称杀球，是将球拍举过头顶，用扣压的方式将球杀入对方球区的一种击球方法，也是直接得分和鼓舞斗志的一种重要手段。

高压球技术包括落地高压球、凌空高压球、反拍高压球，其基本动作都是由准备、引拍、击球和击球后的随挥这四个部分组成。高压球多采用大陆式握拍法。

（1）准备：判断来球后，迅速侧身，抬头看球，用交叉步或短促垫步向后移动，同时左手高举指向来球，右手在体前抬肘举拍（图 2-6-1）。

（2）引拍：右肩后转，迅速抬起肘部，前臂与地面平行，拍头垂于背后（图 2-6-2）。

（3）击球：击球时，通过转肩带动手臂，向上做鞭打动作，击球瞬间，手腕要做有力的扣击，手臂、手腕和球拍在一条直线上，身体稍前倾（图 2-6-3）。

（4）随挥：击球后，扣腕动作继续，让球拍绕过身体，在身体的左下方结束，并使拍头指向身后围网（图 2-6-4）。

图 2-6-1 准备

图 2-6-2 引拍

图 2-6-3 击球

图 2-6-4 随挥

落地高压球

落地高压球技术一般常在来球既高又飘忽不定时选择使用。

击球：一般采用侧身垫步或轻松退步移动至球落点的后面，再踏步向前击球（图 2-6-5）。

初学者最好选择落地高压球。

图 2-6-5 击球

凌空高压球

凌空高压球技术虽然有难度，但却有很大的杀伤力，有一定水平的球员一般喜欢选择这一技术。

击球：打凌空高压球，最重要的是判断来球、准确移位、协调转肩与扣腕（图2-6-6）。

图2-6-6 击球

反拍高压球

反拍高压球是一种应急的打法，是在对方突然挑出低平反手来球时使用。

（1）引拍：快速侧身，甚至背向球网，手臂尽可能后拉，手腕后撤（图2-6-7）。

（2）击球：击球时，伸直前臂，在高处扣出手腕，并使拍头向上做随挥动作（图2-6-8）。

图2-6-7 引拍

图2-6-8 击球

★高压球要诀

（1）全程注视来球，

（2）提前移动到位，

（3）及时抬肘举拍，

（4）体前扣腕击球。

高压球练习方法

（1）抬高肘关节，向前、向上、向远处抛球，或手持毛巾等软状物体，连续做向前、向上做“鞭打”动作。

（2）持拍做高压球动作的模仿练习，在击球点的位置找一个标志物（树枝、树叶等），提高模仿练习的实效性。

（3）教练在中场喂送高球，练习者通过脚步移动，在最高点伸直右手接球，提高移动和判断击球点的能力。

（4）在距离练习墙 6 ~ 7 米处自行抛球，对准墙上设定的标志（略高于球网）进行高压球的练习。

（5）教练在中场依次喂送近网、中场、后场的定位高球，练习者调整步法，做高压球练习。

（6）一人在底线挑高球，练习者按实战要求，练习高压击打底线深区球，反复对抗，逐渐增加攻守次数。

高压球常见错误及纠正方法

错误一：移动不到位，击球点判断不准确

纠正方法：

（1）教练挑各种角度的高球，练习者快速移动，手臂伸直，在高点接球。

（2）先练习较低和近网的高压球，渐渐拉开距离，提高击球点。

（3）自抛不同方向的高球，快速移动，练习对墙高压击球。

错误二：急于发力，拖臂明显，击球常下网

纠正方法：

（1）在高处（击球点）放一个标志物，反复练习向上“鞭打”的扣腕动作。

（2）在离练习墙一定距离处，向上抛高球，将球击压到练习墙上略高于球网的标志处。

（七）放小球技术与训练

放小球就是突然把球击到对方网前的一种击球技术。放小球常常可直接得分，也可调动对手疲于奔跑。但也常因质量不高而陷入被动，对球员的球感、控球能力要求较高。

正手放小球

（1）隐蔽准备：引拍和前挥动作与正手击球基本相同，击球前，给人以打一般落地球的感觉（图 2–7–1）。

（2）切削击球：在触球的瞬间，放松手腕，用球拍轻轻削击球的底部，增加拍与球的摩擦，将球托送过网（图 2–7–2）。

（3）微小随挥：击球后几乎没有随挥，要迅速还原，准备迎击下一来球（图 2–7–3）。

图 2–7–1 隐蔽准备

图 2–7–2 切削击球

图 2–7–3 微小随挥

反手放小球

（1）准备：动作同正手放小球。

（2）引拍：引拍要充分，如同反手击球的引拍动作（图 2-7-4）。

（3）切削击球：触球的瞬间，放松手腕，用球拍轻轻削击球的左下部，增加拍与球的摩擦，将球托送过网（图 2-7-5）。

（4）微小随挥：击球后有微小的随挥，但不超过体前（图 2-7-6）。

图 2-7-4 反手引拍

图 2-7-5 切削击球

图 2-7-6 微小随挥

放小球练习方法

（1）对墙练习：在距墙 3 米、6 米、9 米处，分别进行落地一次，落地二次，落地三次的正、反手放小球的上墙练习（图 2-7-7）。

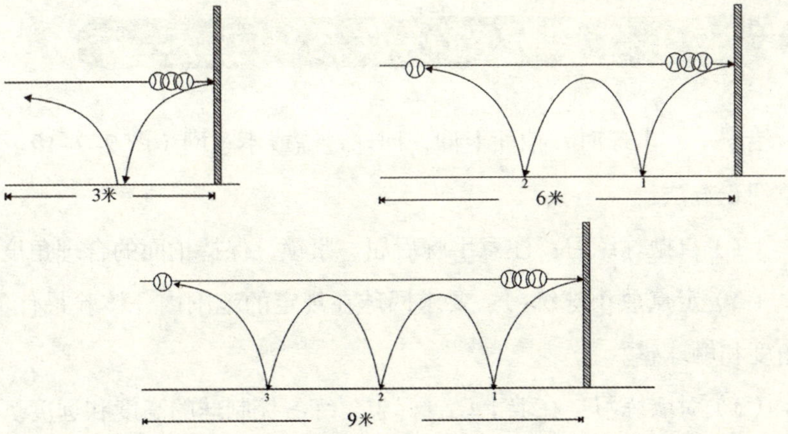

图 2-7-7 对墙练习

（2）隔网练习：两人在发球区内进行放小球对练，尽量减少失误，增加来回次数，还可结合比赛来提高练习效果。

（3）网前放小球练习：教练在底线送网前球，练习者快速向前移动，放小球到规定的区域（图 2-7-8）。

（4）底线放小球练习：教练在网前送不同角度的底线球，练习者在底线放小球到规定的区域（图 2-7-9）。

（5）实战练习：两人在底线对拉 3 ~ 4 拍后，练习者用正、反手放小球到网前，重复练习多组。

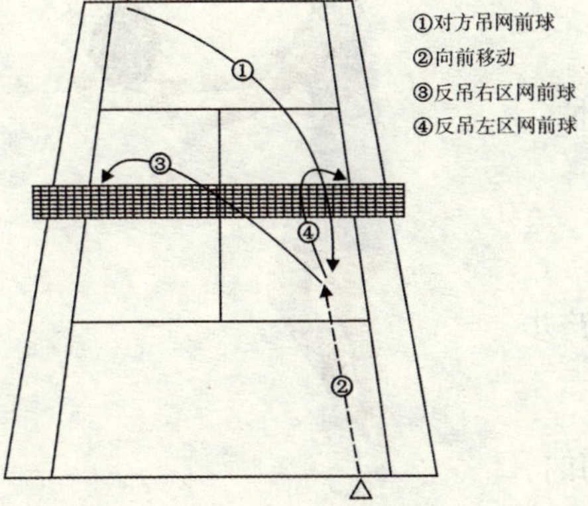

图 2-7-8 网前放小球练习

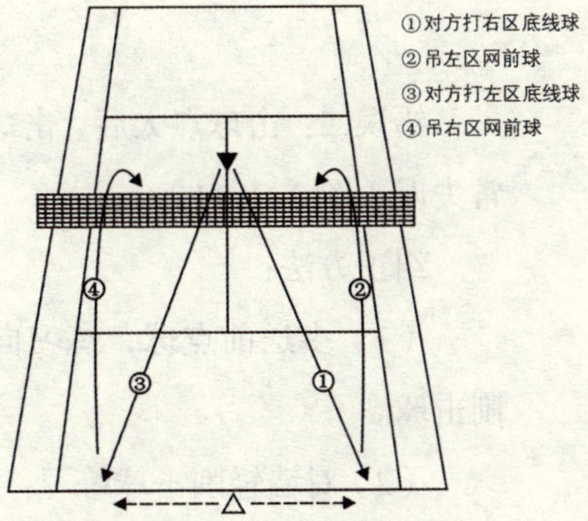

图 2-7-9 底线放小球练习

放小球常见的错误及纠正方法

错误一：击球时，拍面上仰，回球过高或不过网（图 2–7–10）

纠正方法：

（1）自抛球练习：注意手腕后屈、紧锁，保持拍面的合理角度。

（2）定点放小球练习：要求回球在规定的范围内，体验最佳的拍面角度和触球感。

（3）对墙练习：在墙上设置标志，练习控制球的高度和远度。

图 2–7–10 拍面上仰

错误二：击球点太后，击球匆忙，常失误（图 2–7–11）

纠正方法：

（1）多送前点球，练习向前跨步削击球。

（2）对墙轻削击球练习：练习时，注意调整各种落地的反弹球。

图 2–7–11 击球点太后

（八）挑高球技术与训练

挑高球是网球的一项重要技术，也是一项重要战术，对于调整自己，调动对方，尤其是对付强有力的网前进攻，都是行之有效的武器。它是一种既有进攻性又有防御性的击球技术。

正手防守性挑高球

正手防守性挑高球一般是在自己处于极为被动的情况下选择采用，以寻求转机。

（1）握拍：一般采用东方式正手握拍法。

（2）准备：被动击球，没有充分的准备时间，须边移动边引拍，并要全程盯球。

（3）引拍：与正、反手击球相同，要有充分的后摆，方能挑出高而深的球（图 2–8–1）。

（4）击球：整个击球过程都要绷住手腕，挥拍击球的后下部，延长拍与球的摩擦，将球呈弧线高高送入空中（图 2–8–2）。

图 2–8–1 引拍

图 2–8–2 击球

正手进攻性挑高球

（1）握拍：采用东方式正手握拍法。

（2）准备：准备姿势与正手击球相同。

（3）引拍：引拍动作与正手打落地球的动作完全相同，引拍要更充分、从容，击球点靠后些，眼睛盯住来球（2–8–3）。

（4）挥拍击球：拍头略低于手腕，利用手臂的内旋带动手腕拨动，加速拍头从后下方向前上方挥动，击球底部后四分之一处，并增加拍面对球的擦击，使球快速突然地越过对方头顶（图 2–8–4）。

图 2–8–3 引拍

图 2–8–4 击球

反手挑高球

（1）握拍：一般采用东方式反手握拍法。

（2）准备：被动击球，没有充分的准备时间，需边移动边引拍，并要全程盯球。

（3）引拍：与反手击球相同，后摆要充分，才能挑出高而深的球（图2-8-5）。

（4）击球：整个击球过程都要绷住手腕，挥拍击球的后下部，延长拍与球的摩擦，将球呈弧线高高送入空中（图2-8-6）。

图2-8-5 引拍

图2-8-6 击球

★挑高球要诀

（1）全程盯球；
（2）充分引拍；
（3）固腕击球；
（4）击球下部；
（5）高处随挥。

挑高球练习方法

（1）对墙练习：在墙上设置一定高度的标志，练习者距墙 15 米左右，用正、反手依次将球挑高，尽量使球下落时能碰及墙上的标志（图 2–8–7）。

（2）定位挑高球练习：在对方后场设置左、中、右几个区域，尽量将球挑高，并落在规定区域内，用正、反手反复练习，逐渐提高命中率。

（3）底线挑高球练习：教练在网前喂送不同球速、不同角度的底线球，练习者用正手或反手挑高球，先练习慢速、中间来球，后练习快速、大角度的底线球。

（4）高压球的挑高球练习：教练在场地中央高压击打不同角度的球，练习者在底线快速移动，将球挑至对方中后场，让对方继续高压回击，反复练习。

（5）“穿跃”挑高球练习，教练采用发球上网、随球上网等技术送球，练习者应用进攻性或防守性的挑高球技术，使球跃过进攻者，落在底线内。

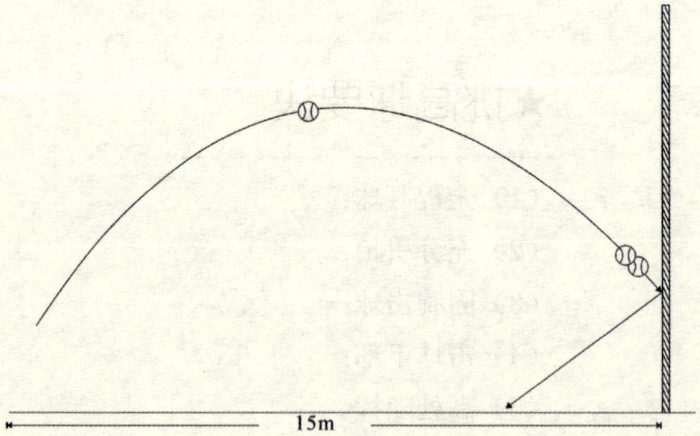

图 2–8–7 对墙练习挑高球

挑高球常见错误及纠正方法

错误一：防守性挑高球时，拍面控制不当，上仰过多，球又高又浅；前倾过多，球常出界

纠正办法：

（1）自抛球练习：体会最佳落点，巩固最合理的拍面角度。

（2）各类来球的挑高球练习：多采用削挡球的击球技术，对不同速度、力度和旋转角度的来球进行挑高球训练。

错误二：进攻性挑高球时，手腕没有下垂，手腕及前臂的内旋不明显，球的幅度过高

纠正方法：

（1）在墙上设置高度线，做自抛球练习，用上旋球练习将球挑过墙上标志线。

（2）在网上设置一定高度的橡皮筋，要求练习者将球挑过橡皮筋并落在对方界内。

（3）多进行挑高球的实战练习，逐渐提高成功率。

三、网球实用战术与训练

单打战术

双打战术

业余比赛战术

使用不同场地的战术

（一）单打战术

发球上网战术

发球上网是先发制人，主动进攻的战术之一，发球者发出强劲有力的平击或旋转球后，快速上网，在发球中线（根据发球的角度，可偏左或偏右）将球截击到对方薄弱的深区，再冲到网前伺机给予致命截击。

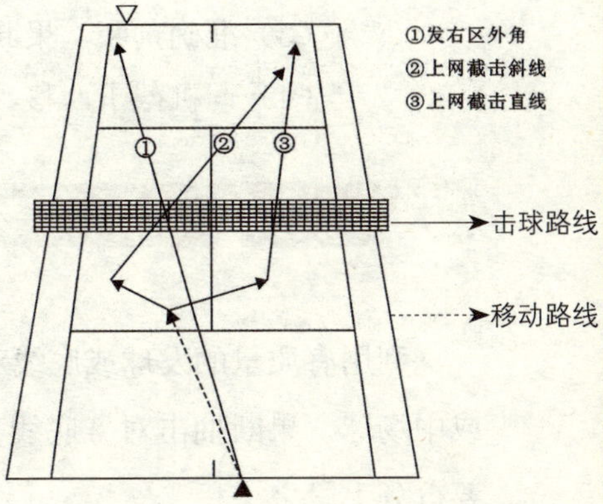

图 3-1-1 发球上网战术一

（1）发对方发球区右区外角，冲至发球线前偏左处截击(图3-1-1)。

（2）发对方发球区右区内角，冲至发球中线前截击（图 3-1-2）。

（3）发对方发球区左区外角，冲至发球线前偏右处截击（图 3-1-3）。

（4）发对方左区内角与右区内角相同。

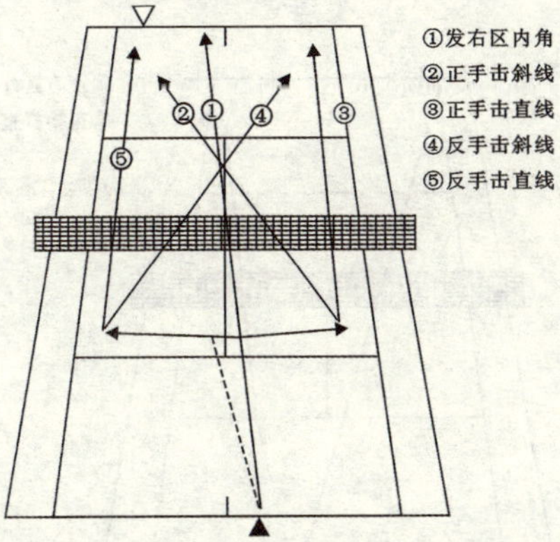

图 3-1-2 发球上网战术二

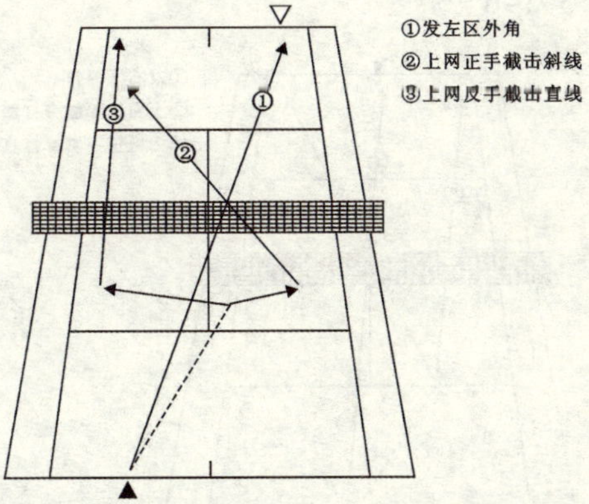

图 3-1-3 发球上网战术三

★发球上网要诀

（1）用力适度，确保成功；

（2）变换落点，增加旋转；

（3）准确判断，果断上网；

（4）伺机截击，移、偏、深、狠。

随球上网战术

利用有质量的发球或底线对攻以及对方发球中出现质量不高的短球或中场球，果断抽击对方底线，后随球上网截击的战术，也是比赛中主要得分手段之一。

（1）发对方右区内角，随球至中场，用正拍截击底线两侧（图3-1-4）。

（2）发对方右区外角，随球上网，用正拍截击直线球（图3-1-5）。

（3）发对方左、右区外角，随球上网，用正、反拍截击直线球（图3-1-6）。

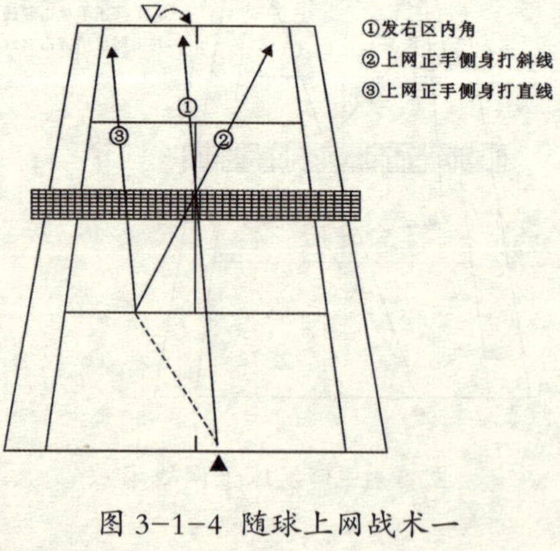

图 3-1-4 随球上网战术一

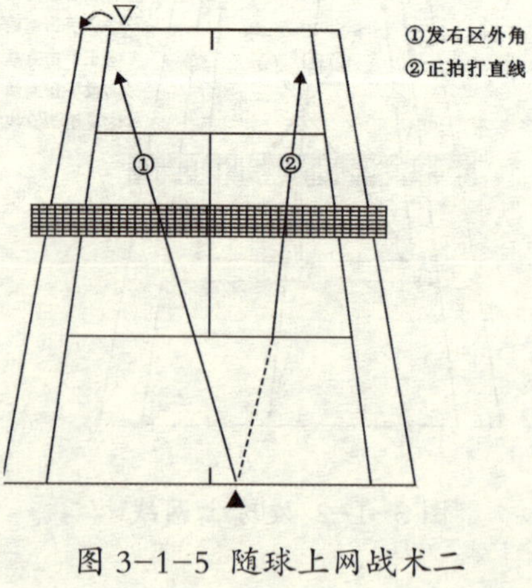

图 3-1-5 随球上网战术二

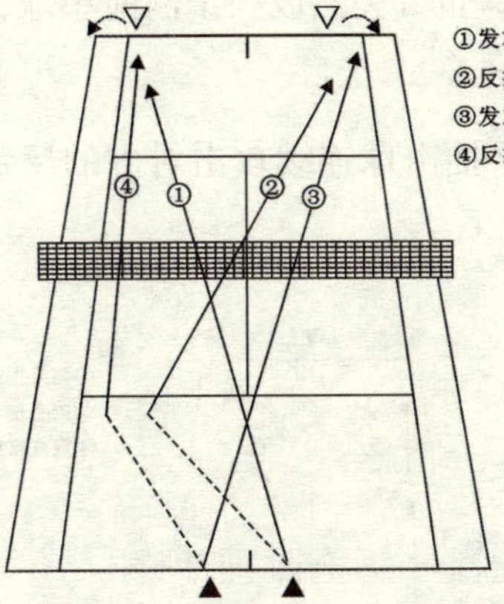

图 3-1-6 随球上网战术三

★随球上网要诀

（1）随击球要“稳、准、狠”，使对方处于被动；

（2）随击球要多变，如旋转、角度等，使对方失去章法；

（3）随击球的步法要快，抢占高点，使对方应接不暇。

底线战术

（1）对攻：在底线用正、反手抽击球与对手对攻。加强正、反手抽击的力量、速度、攻击对手薄弱环节。以精准的落点，调动对方，寻找机会致胜（图 3–1–7）。

（2）拉攻：在底线用十分稳定的正、反手两面拉上旋或正拉反削，来调动对方，拉垮对方，创造战机（图 3–1–8）。

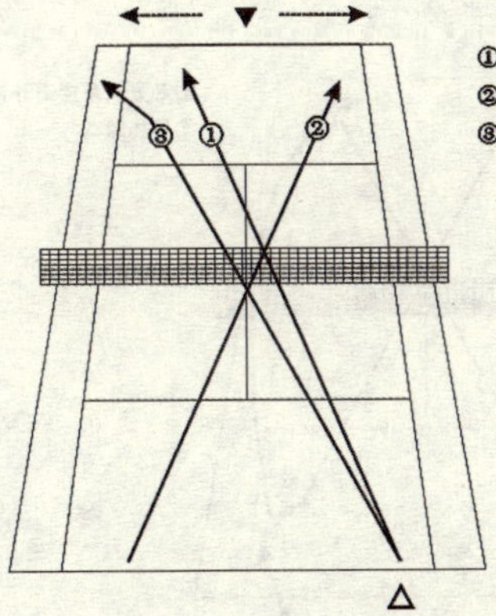

图 3–1–7 底线对攻

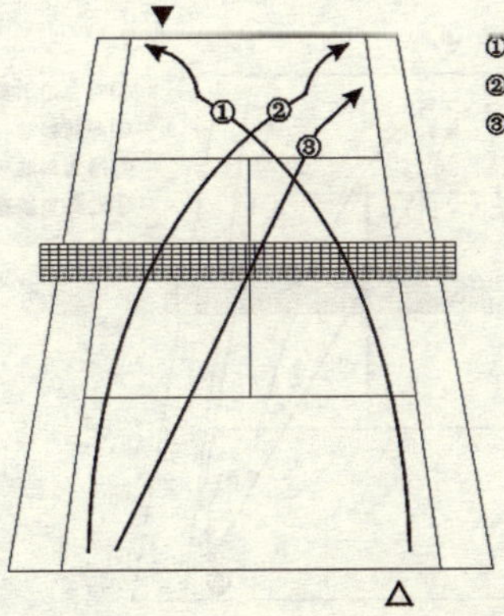

图 3–1–8 底线拉攻

（3）吊攻：在底线左右对攻或拉攻的瞬间，突然放一个网前小球，使对方失误或失去主动（图 3–1–9）。

（4）侧攻：在底线利用强有力的正手抽击球连续攻击对方的反手和正手，或连续打出回头球（图 3–1–10）。

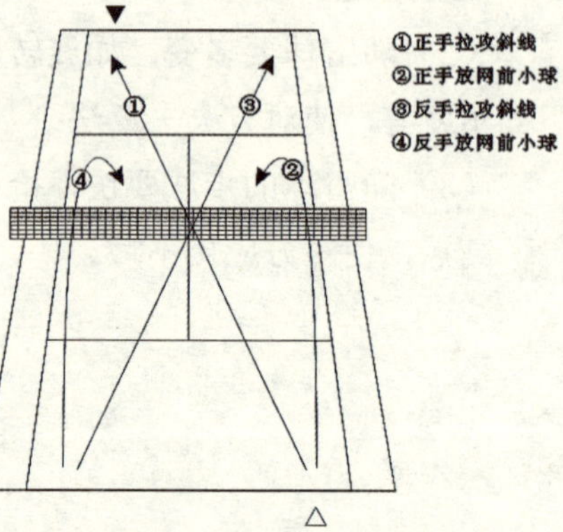

图 3–1–9 网前吊攻

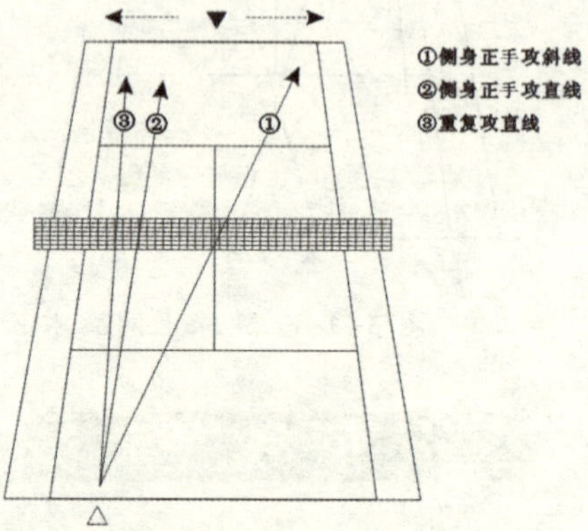

图 3–1–10 底线侧攻

（5）逼攻：在底线发挥正、反手抽击的优势，迎击上升球，以快的节奏，赢得最佳落点，逐步将对手逼上险境（图 3–1–11）。

（6）防反：遇到技术全面的对手，常常会处于被动，就须利用准确的挑高球，破坏对方进攻节奏，在防守中寻找反击的机会（图 3–1–12）。

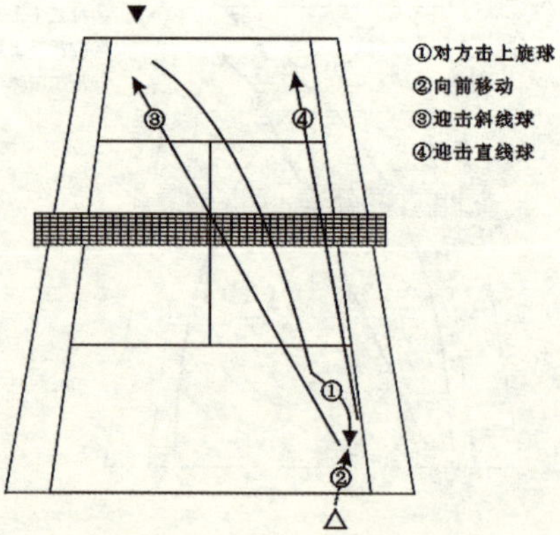

图 3–1–11 底线逼攻

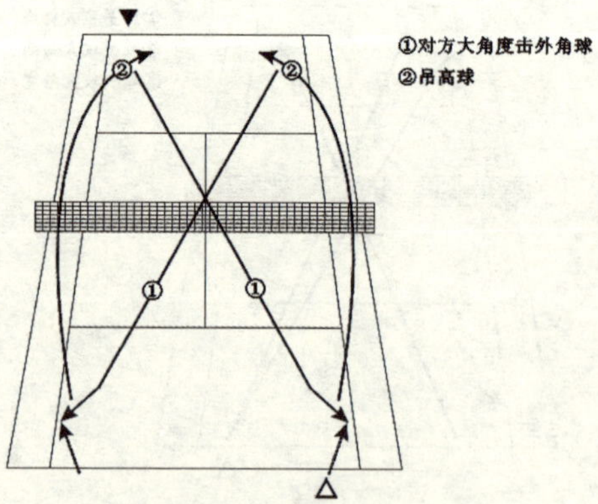

图 3–1–12 挑高球防反

破网战术

对付上网型的选手，应采用不同的破网战术，如斜线破网，直线破网，挑高球等，让对手心有余悸，无所适从。破网的角度要大，挑高球既要高又要深（图 3-1-13）。

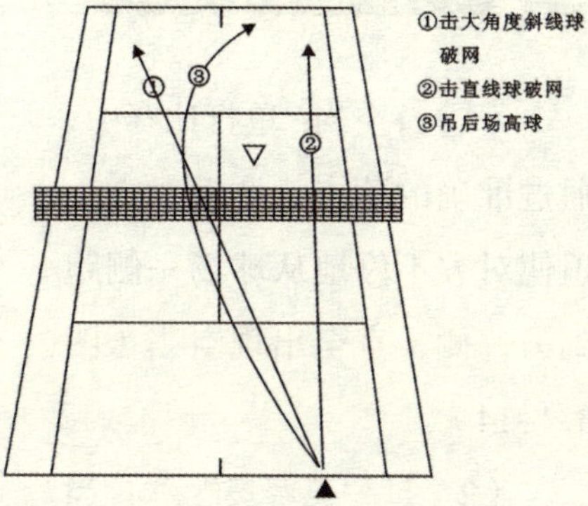

图 3-1-13 破网战术

发球战术

（1）发球要稳定，稳中取胜是比赛的关键，能发出稳妥、适当速度而又能击中对方弱处的球，是造成对手失误的关键。

（2）发球要有变化，要根据不同的场地、不同的对手、不同的站位等，发出不同速度、不同落点和不同旋转度的球。

1）在硬地上多发平击球，强化速度；在沙土及草地上要多发旋转球，增加球的变向和变化。

2）对手站位靠近时，应发快速的平击球，使其无暇判断来球；对手站位偏远时，应加大角度，加大旋转，出其不意将球发到另一侧，调动对方。

接发球战术

（1）对方发球上网，勿盲目破网，应多打刚过网的低短球，使对方难于截击，被动回球。

（2）对方发球后不上网，尽可能攻其反手底线再寻机上网截击。

（3）接二发球时，站住稍靠前，抓准时机击打对方的空当、脚下或中路后随球上网。

随机战术

（1）打空当：单打比赛中，通过准确的落点，调动对方，迫使对方不停地从球场一侧跑到另一侧，直至出现空当（图 3-1-14）。

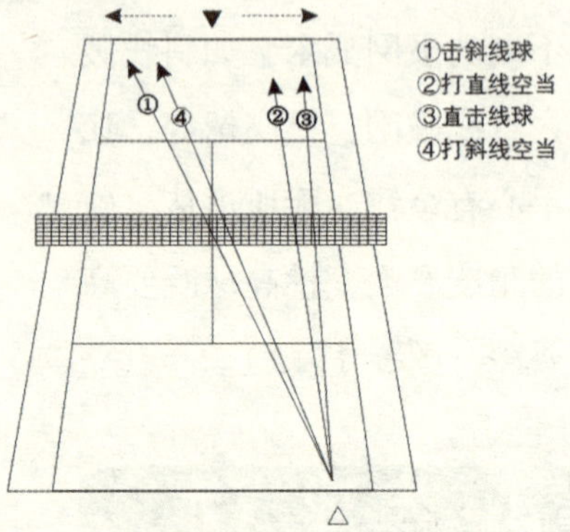

图 3-1-14 打空当

（2）打“英赛奥”球：当对手回球质量不高，落点靠中时，正常该用反手击球，却侧身改用速度更快，落点更准的正手球，挥拍从内侧（inside）开始，突然朝身外侧（outside）的对方反手位击球（图 3-1-15）。

（3）打底线深区：在对拉中，打出靠端线的底线长球，在对方判断迟疑或回球困难的瞬间，前移击打空当（图 3-1-16）。

（4）打上升球：善于打反弹后正在上升的球，能加快回击的球速，使对方措手不及。该种打法虽有难度，但很有实效。

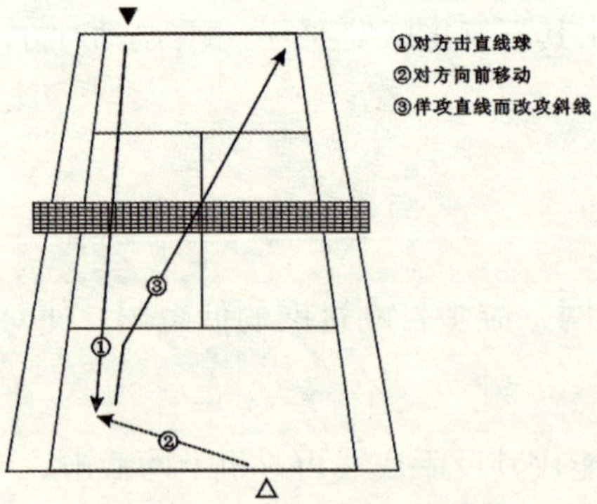

图 3-1-15 打“英赛奥”球

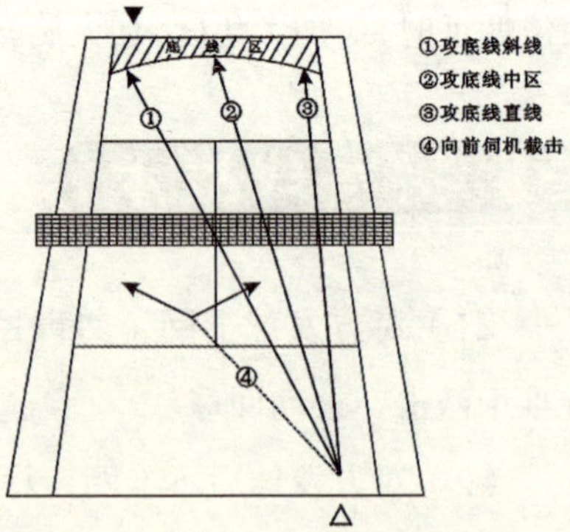

图 3-1-16 打底线深区

（二）双打战术

单打比赛的所有战术均适用于双打比赛，此外双打比赛还有一些特有的战术。

双打比赛站位

（1）发球员应站在中线和单打线的中间，准备发球上网，其同伴应站在另一侧的中线与双打边线之间的中点，距网前大约 2.7 米处（以各向左右移动一步，能封住单打线与双打线之间的狭窄通道和球场中区为准）。

（2）正拍好的球员应站在右区，反拍好的球员应站在左区，击球技术好的球员应在左区，击球较稳定的球员在右区。

（3）根据自身特长和搭档特点的站位：首选双上网站位；其次是两人同在底线；再次是一前一后站位（图 3-2-1）。

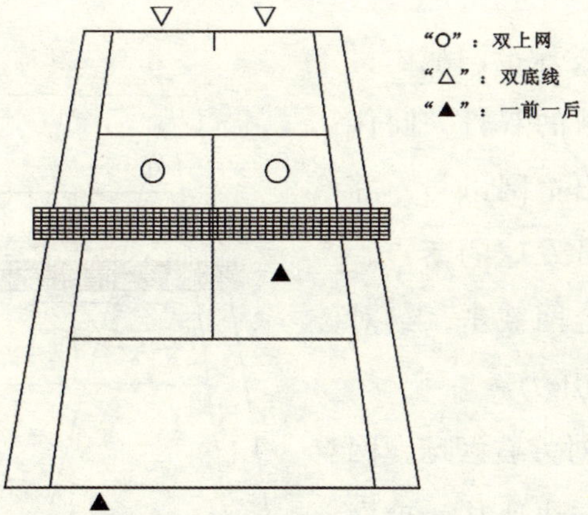

图 3-2-1　根据特点选站位

双打发球战术

（1）发球上网战术：发球后上网，与同伴形成双上网阵势，上网后，中场的第一次截击球要平、深、大角度。

1）发对方右区，上网正拍截击斜线（图 3-2-2）。

2）发对方左区，上网反拍截击斜线（图 3-2-3）。

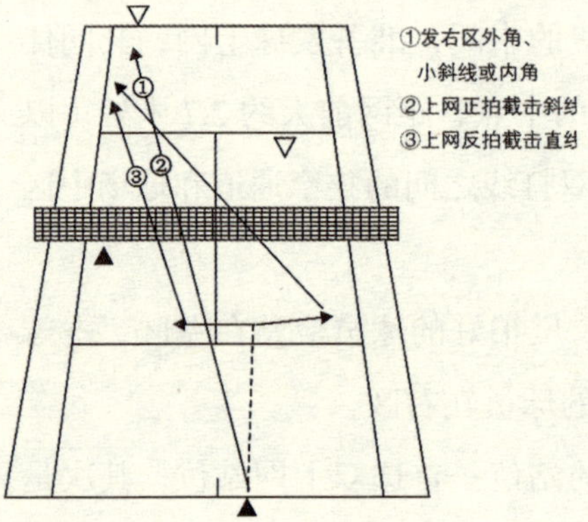

图 3-2-2 发球上网战术一

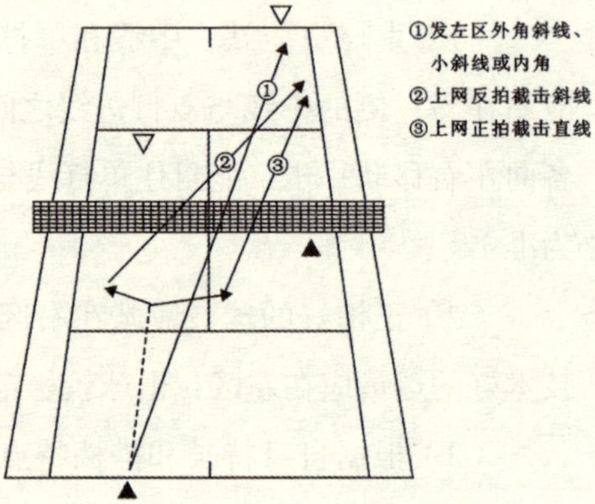

图 3-2-3 发球上网战术二

（2）发球抢网战术：尤如乒乓球的双打，同伴用手势发出抢网讯号，并提示发球员发球的落点，随时准备上网截击，给对方以极大的压力。

1）发对方右区球，网前队员向右快速移，抢网截击，同伴移动左区补位（图 3-2-4）

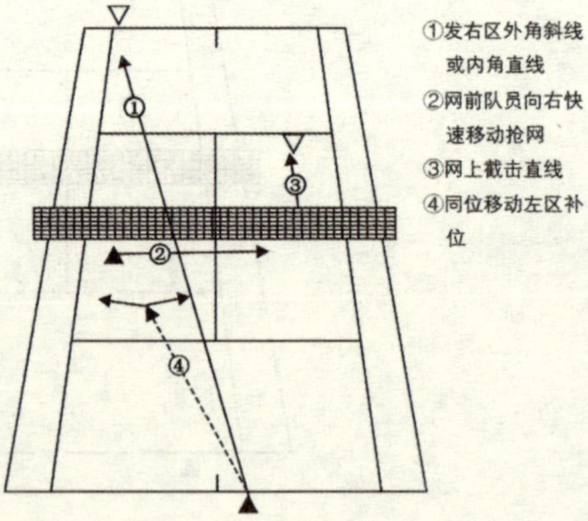

图 3-2-4 发球抢网战术之一

2）发对方左区球，网前队员向左快速移动，抢网截击，同伴移动右区补位（图3-2-5）。

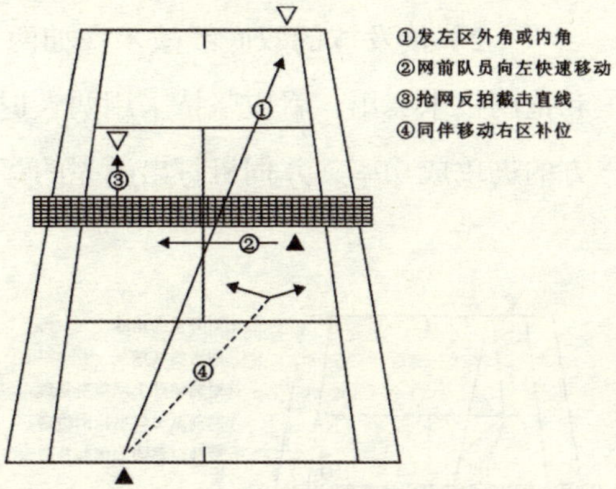

图 3-2-5 发球抢网战术之二

（3）澳大利亚式网前抢网战术：与发球抢网战术相同，仅在网前站位上有所区别，同伴的站位要靠近中线，随时准备向两侧抢网（图3-2-6）。

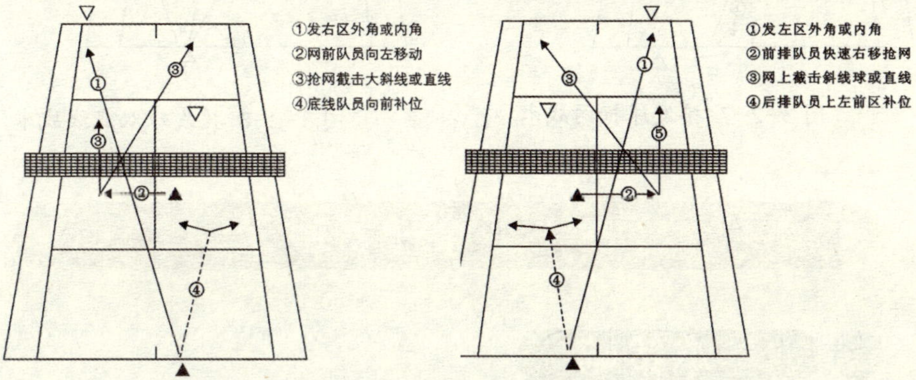

图 3-2-6 澳大利亚式网前抢网战术

双打接发球战术

（1）接发球抢网战术：当接球员接了一个高质量的回球时，应立即前移抢网，同伴也应在另一侧上网，形成双上网，给对方回球造成较大的压力（图 3-2-7）。

（2）接发球的双底线战术：如两人的底线技术好，而对方的发球和抢网技术突出，就应坚持采用两人退至底线回击球的战术，以削弱对方的进攻成功率，并伺机打出漂亮的穿越和反击（图 3-2-8）。

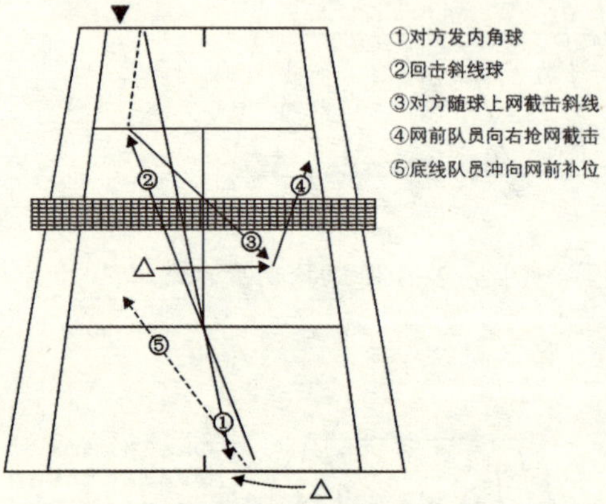

图 3-2-7 接发球抢网战术

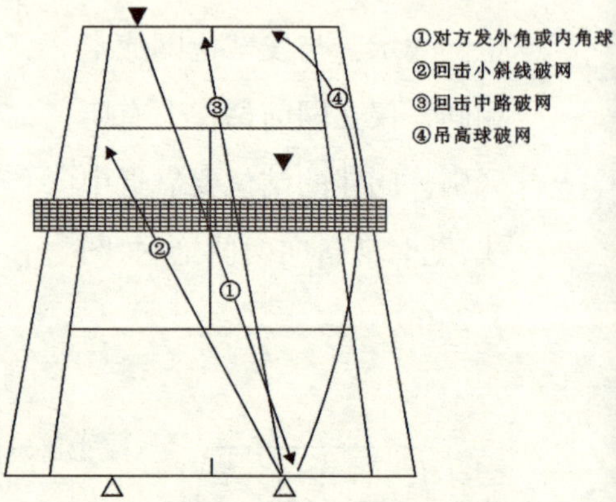

图 3-2-8 接发球双底线战术

（三）业余比赛战术

基本策略

（1）挑边：作为业余选手应首先选择场地或接发球，尽量让对方先发球。

（2）稳定的发球：业余选手的发球，应以稳为主、狠为辅。不论采用何种发球，首先考虑的就是准确性、稳定性。必要时，二发用下手发球也是上策，因为初级选手对于软球、慢球，反而没有招数。

（3）小幅度的接发球：初级选手往往对发球寄于厚望，急于求成，一锤定音。若能利用小幅度的推挡，将球平稳地回过去，就会使对方的信心受挫。对待对方的软球，也不要强攻，而要推其反手，再与其拉锯。

（4）准确的站位：发球或者接发球后，要么随球上网准备截击，要么退回底线，与对方对拉，经常站在中后场是最危险的，对方很容易打出你难以应接的追身球和脚下球。

（5）合理的跑位：在底线比较合理的跑位总是跑向自己击球落点的斜线位置，如打完斜线，基本上留在击球处，打完直线，则应向相反的方向移动。

（6）坦然面对网前：一旦上网截击，信心和果断是第一位的，不要想一拍致对方于死地，而是寻找空当，创造良机；当对方上网时，千万不可盲目穿越，而是轻松、自如地抽球或放高球，让对方失误。

基本战略

（1）要学会战胜自我：业余选手一无扎实的功底，二无击球力量和速度，往往主动失误送分要比主动得分多得多。因此要稳定心理、控制心态，一要看淡比赛、看轻比分，二是要耐心细致、多拍取胜。

切记：少失误就是多得分。

（2）善于扬长避短：业余网球比赛若能抓住对方的弱点，就能超常发挥自身的优点。如对手发球差时，就要站位靠前，加强发球抢攻，给对方造成心理压力；对方反拍弱时，就要反复攻其反手，使其失误；对方善长底线，而回避上网时，就要多打小角度，多放网前小球来调动对方，使其被动回球或回球失误。

（3）学会控制节奏：节奏是一个选手技术和战术的体现，业余选手一般都没有十分鲜明的打球风格，因此谁控制节奏，谁就占据比赛的主动：擅长慢节奏的选手，应尽量保持在底线将对方拉垮的打法；习惯快节奏打法的选手一是要利用速度和力量抢战优势，二是要及时上网，速战速决；而具备混合型技术的选手，不要随从对方的节奏，而是要以快制慢，以稳制狠，把握节奏的主动权。

快速致胜秘技

业余选手一般都有极其相似的技术弱势，若能掌握克服这些弱势的战略战术，就能充分发挥有限的技术优势，在最短的时间内克敌致胜。

（1）强攻反手：多数的业余选手都存在正强反弱的现象，再出色的反手都不能与其正手相媲美，连续攻其反手必然会寻得制胜的战机。

1）发球攻其反手后伺机上网截击：发球攻对方反手位后，冲至发球区前中点，将球截击在底线两角（图3–3–1）。

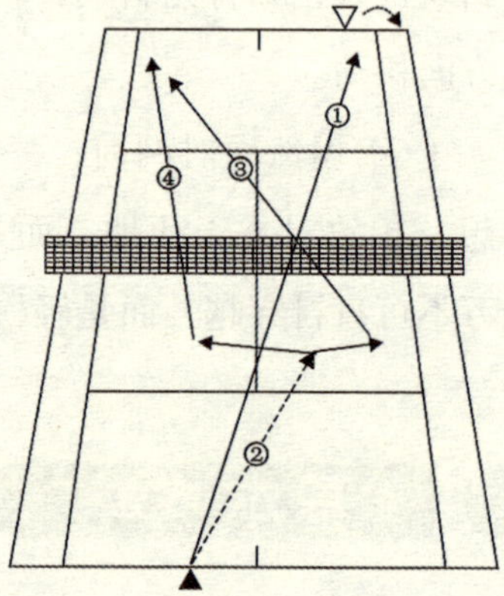

图 3–3–1　发球攻其反手后伺机上网截击

2）反复攻其反手后寻机上网截击：发球或接发球至对方反手，对方回球后再攻其反手，重复进攻，造成对方失误或创造上网机会(图3–3–2)。

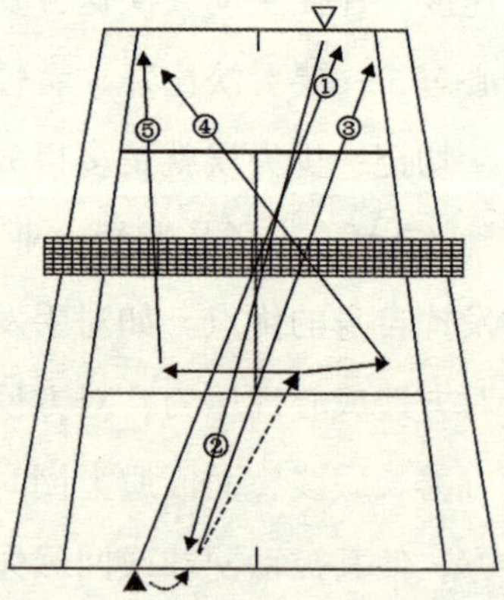

图 3–3–2　反复攻其反手后寻机上网截击

（2）高吊反手：一般业余选手畏惧高吊球，对于又深又高的反手底线球，更是束手无策，要善于把握时机，击打又高又深的反手高球，使对手回球失误或陷入被动。

1）对方发球，回球高吊反手，上网寻机截击（图 3–3–3）。

2）对方接发球后，直接吊反手高球，上网寻找战机（图 3–3–4）。

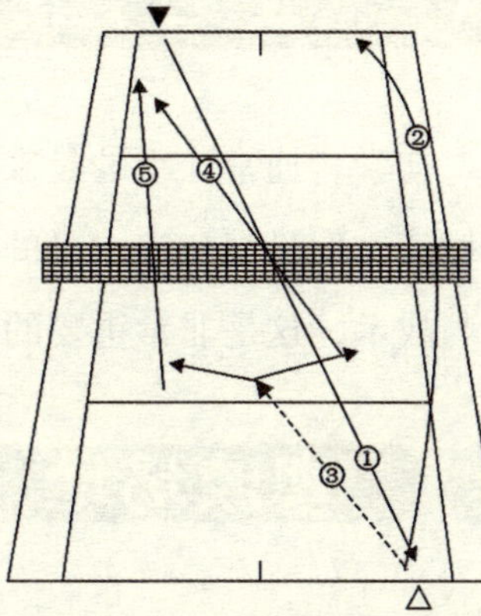

图 3–3–3 回球挑反手高球

（3）突击网前：一般业余选手快速移动能力差，且难以处理移动中的网前低球，突然性的网前吊球，必然得到意想不到的效果。

1）与对方在底线耐心地对拉；

2）找准机会，选择自己优势的反拍或正拍切削吊球到网前；

3）随球至场地中部，回击对方被动的短球或高吊球（图 3–3–5）。

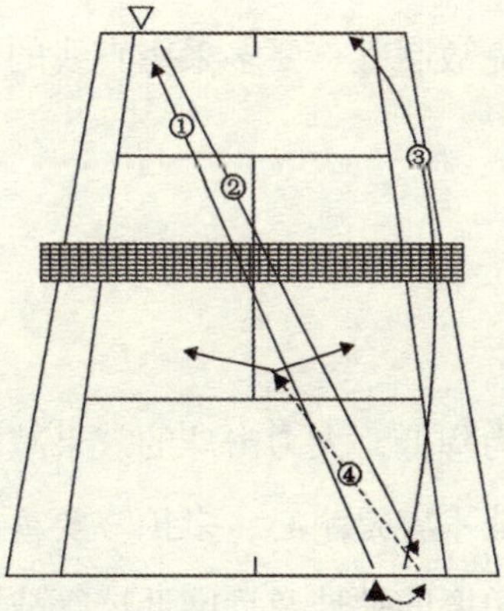

图 3–3–4 直接挑反手高球

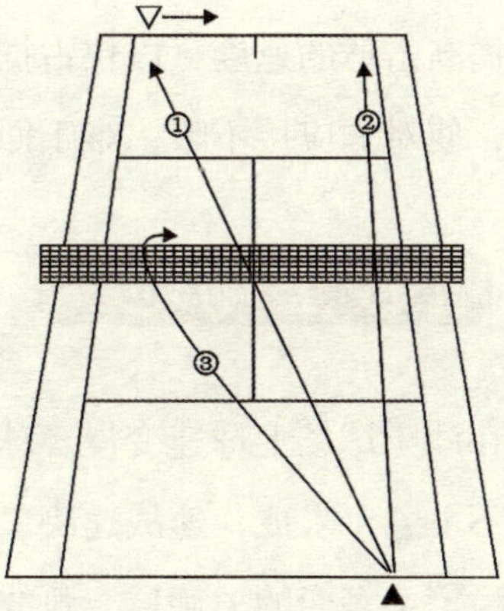

图 3–3–5 突击网前吊球

（四）使用不同场地的战术

初学者通常注重的是来球的速度、角度和幅度，而对场地的变化不太敏感。但具有一定水平的球员，善于根据不同的场地而采用相应的技术与战术，这是非常重要的。

塑胶场地

在塑胶场地上，球弹起的高度不明显，击上旋球的效果比较差，若将上旋球作为主要的进攻方式，其杀伤力将大打折扣。此外，场地比较涩，不利于球员移动，对球员下肢的消耗也大。因此，在这种场地应多打角度大、变化多的球，使对方疲于奔跑而拖垮对方。

水泥或沥青场地

水泥或沥青球场比较硬，球弹起的速度快。因此，要加强击球的力量，提高击球的速度，以快占据主动，克敌制胜。要多采用直线的平击发球，使对方应接不暇，难于回击。

沙土场地

在沙土球场上球速变慢，球的反弹力降低，大力击球的效果减弱，因此不可急于求成，速战速决。最好的战术就是耐心、多拍。要善于应用既稳定又多变的上旋球、弧线球、大角度的抽球及近网低球等战术，与对手相持和周旋，以最少的失误，去赢得胜利。

草地球场

在此球场上，不但球速快，而且有快速的下滑的倾向。因此，发球时要增加侧下旋力度，使球有强烈的下滑速度，也可多用加旋转的网前小球战术，会收到意外的效果。接发球时，位置要靠前，要在球下滑之前，快速回击。

地毯球场

地毯球场是塑胶场地中弹性最好的一种场地，球的上弹、前冲效果十分明显，故要采用更加积极的战术，要迎球抽击，要发球上网，要接发球抢攻等战术，用主动的进攻去抢占先机。

室外场地

室外比赛采用的战术要充分考虑天气和环境的因素。如阳光明媚，则要充分利用挑高球技术，干扰对方的视线，造成击球困难。如遇顺风，则要增加击球的摩擦，增加旋转，提高击球的稳定性和把握性。如遇逆风，在后场回击的难度会增大，而对方挑高球的精确度也会受限，这时应积极上网截击，才能化被动为主动。

室内场地

室内球场基本不受风力、阳光等因素的影响，最好的战术就是充分调动积极性，调整最佳的竞技状态，发挥自身的优势和特长，尽可能地加大击球的力量和速度，此外，场内的回音也会给球员带来更大的刺激和更多的兴奋，有利于球员技、战术的超水平发挥。

四、网球竞赛基本规则与裁判法

比赛规则

竞赛方法

裁判方法

（一）比赛规则

了解和掌握比赛的基本规则与裁判法，为练习、比赛和欣赏提供必要条件，也使网球的技术水平得到升华。

单打比赛规则

（1）发球员与接球员：运动员应各自站在球网的一边，先发球的运动员叫发球员，另一边的运动员叫接球员，发球员必须在端线后中心标志和边线的假定延长线的区域内发球，而接球员可在自己一侧任意位置上接球。

（2）场地的选择：比赛之前，用掷硬币的方法来决定选择权，得胜者可首先选择场区、发球权、接发球权。如果选择了场地，对方就可选择发球或接发球；如果选择发球或接发球，对方则可选择场地。当然也可放弃优先选择权，而要求对方先行选择。

（3）发球动作：发球员在发球前，应先站在底线后中点和边线的假定延长线之间的区域里，然后用手将球向空中任何方向抛起，在球接触地面以前用球拍击球。只要球拍与球接触，就算完成了球的发送。发球时，发球员不得向上抛起两个或两个以上的球，否则判重发。如果是故意的，应判发球失误。

（4）发球时间：发球员须待接球员准备好（做好还击姿势）后，才能发球，如接球员未做好准备，不论发出的球成功与否，均判发球无效。

（5）发球位置：每局比赛开始发球时，发球员应先从右区端线后发球，得或失一分后，应换到左区发球，即双方比方之和为偶数时在右区发球，双方比分之和为奇数时则在左区发球。如果发球位置出现错误而未被察觉，比分仍然有效，一旦察觉，应立即纠正。

（6）发球次序：每一局比赛终了，接、发球员均要互换角色，直到比赛结束。如发现发球次序错误，应立即纠正，发现错误前双方所得的分数都有效。如发现前已有一次发球失误，则不予计算。如一局比赛终了才发现次序错误，则以后的发球次序就以该局为始，按规定轮换。

（7）交换场地：双方应在每盘的第一、三、五等单数局结束后、每盘结束双方局数之和为单数时以及决胜局比分相加为6和6的倍数时交换场地，如果一盘结束时，双方局数之和为双数则不交换场地，须等下一盘第一局结束后再进行交换。

如果发生未按正常顺序交换场地的错误，一经发现应立即纠正，按原来顺序进行比赛。

（8）发球失误：发球时如果出现发球脚误（触及或超过发球线）、未击中球、发出的球在落地前触及固定物（球网、中心带、网边白布除外）等现象时，均判发球失误。

（9）发球无效 ：当合法的发球触及球网、中心带、网边白布后，仍落到对方发球区内时；当合法的发球触及球网、中心带、网边白布后，在落地前触及接球员的身体，均为发球无效。

（10）失分：如果出现下列情况，运动员将失分：

1）发球员连续两次发球失误；

2）在活球状态下，运动员在球连续两次触地前不能将球回击过网；

3）在活球状态下，运动员回击的球在落地前触到有效击球区外的地面或其他物体；

4）在活球状态下，运动员回击的球在落地前触到永久固定物；

5）接球员在球没有落地前回击发球员发出的球；

6）运动员故意用他的球拍托带或接住处于活动状态中的球，或故意用球拍触球超过一次；

7）在活动状态正气任务时候，运动员或他的球拍（无论球拍是否在他手中），或他穿戴的或携带的任何物品触到球网、网柱 / 单打支柱、网绳或钢丝绳、中心带或网带，或对手场地的地面；

8）运动员在球过网前击球；

9）在活球状态下，除了运动员手中的球拍以外，球触及到运动员的身体或他穿戴的或携带的任务物品；

10）在活球状态下，球触到了运动的球拍，但球拍不在他的手中；

11）在活球状态下，运动员故意并实质性地改变了球拍的形状；

12）双打比赛中，在一次回击球时，同队的两名运动员都触到了球。

（11）第二发球：网球比赛规则规定，发球员每分都有两次发球机会。第一次发球失误后，应在原发球位置进行第二次发球。如第一次发球失误后，发觉发球位置错误，则应按规定改在另一区发球，但只能再发一次球。

（12）压线球：落在线上的球都算界内球。

双打比赛规则

单打规则均适用于双打，但双打也有自己特殊的规则。

（1）发球次序：每盘第一局开始时，由发球方决定由何人首先发球，对方则同样在第二局开始时决定由何人首先发球；第三局由第一局发球方的另一球员发球，第四局由第二局发球方的另一球员发球，以后各局均按此顺序轮换发球。

（2）接球次序：先接球的一方应在第一局开始时，决定何人先接发球，并在这盘单数局继续先接发球。对方同样应在第二局开始时决定何人先接发球，并在这盘双数局继续先接发球。他们的同伴应在每局中轮流接发球。

（3）发球次序错误与接球次序错误：发球次序错误应在发现时立即纠正，但已得的分数或已造成的失误都有效。如发现时全局已经终了，此后发球次序就以该局为准轮流发球。

接球次序错误发现后仍按已错误的次序进行，等到下一接球局再行纠正。

比赛计分规则

（1）盘数：正式网球比赛时，男子单打和男子双打采取五盘三胜制。女子单打、女子双打和混合双打采取三盘两胜制。

（2）局与盘

1）局：运动员每胜一球得一分，先得四分者胜一局。如遇双方各得三分时，则为“平分”，“平分”后，一方先得一分时，为“接球占先”或“发球占先”。“占先”后再得一分，才算胜一局；如一方“占先”后，对方又得一分，则仍为“平分”。依此类推，直到一方在“平分”后净胜两分才能结束该局。

2）盘：网球比赛，一方先胜六局为胜一盘。但遇双方各得五局时，有两种计分方法：

① 长盘制：局数为五平之后，须一方净胜两局才算胜一盘。

②决胜局计分制：决胜局计分制用于每盘的双方局数为六平时（但三盘两胜制的第三盘和五盘三胜制的第五盘不得使用此制度，应使用上述局的长盘制）。

先得七分者为该局及该盘的胜方。若分数成六平时，比赛须进行到某方净胜两分时止。决胜局应全部采用数字计分。

决胜局发球员在右区发第一分球后，即改由对方依次在左区和右区发第二、三分球。此后双方轮流交替发球，每人连发两分球，其中第一分球均应在左区发球。直到决出该局与该盘的胜负为止。如果发现从错误的场区发球，应立即纠正错误的站位，但发觉前已得的分数仍有效。运动员应在每六分及决胜局结束时交换场地。双打决胜局发球时双方要轮换发球。

决胜局计分制必须在比赛前宣布才有效。

挑战鹰眼的规则

在网球赛场上，当选手的发球时速高达每小时 200 公里以上时，要求裁判的判罚百分之百的准确，的确已经超出了“人力范围”。为了克服人类观察能力上存在的极限和盲区，帮助裁判做出精确公正的判断，2006 年网球裁判判罚进行了一项具有重大意义的革新，在美网的大满贯赛事中率先启用“鹰眼”。

“鹰眼”的正式名称是“即时回放系统”。它是由 8 个或者 10 个高速摄像头、4 台电脑和大屏幕组成的一套十分精密系统。首先，借助电脑的计算把比赛场地内的立体空间分隔成以毫米计算的测量单位，然后，利用高速摄像头从不同角度同时捕捉网球飞行轨迹的基本数据，再通过电脑计算，将这些数据生成三维图像，最后利用即时成像技术，由大屏幕清晰地呈现出网球的运动路线及落点。从数据采集到结果演示，整个过程所耗用的时间不超过 10 秒钟。

使用鹰眼需遵循如下规则：

（1）鹰眼的使用根据比赛组委会的安排而定。组委会有权安装和使用鹰眼，也有权不使用；

（2）组委会使用鹰眼辅助裁判，须在赛前公示；

（3）每盘比赛，每位球员有 3 次机会挑战鹰眼，若进入到抢七局，可增加一次。

（4）在活球期间停止击球，方可要求使用鹰眼，若判罚对方失误，则赢得该分，否则失分；在裁判判罚结束后，对判罚不满，也可要求使用鹰眼。若裁判判罚失误，则赢得该分，否则维持原判。

比赛休息时间与指导规则

（1）第一次发球失误后，发球员必须毫不延误地开始第二次发球。

（2）接球员必须按发球员合理的速度进行比赛，当发球员准备发球时，接球员必须准备去接球。

（3）交换场地期间，间歇的时间不能超过 1 分 30 秒。

（4）男子比赛在第三盘打完之后，女子比赛在第二盘打完之后，双方球员可以有不超过 10 分钟的休息时间。

（5）国际网联承认的国际巡回赛和团体赛的组织者，可以决定分与分之间允许间歇的时间，但在任何时候，间歇的时间都不得超过 30 秒。

（6）一般情况下不允许暂停、延误比赛。但如果运动员受伤，裁判员可允许一次暂停（约3分钟）。

（7）锦标赛的委员会必须在比赛开始前宣布应给运动员做准备活动的时间，但不可超过5分钟。

（二）竞赛方法

单淘汰制

（1）编排：

当参加比赛的运动员人数是2、4、8、16、32、64、128等2的乘方数时，可按下列格式，采取累进的淘汰制进行比赛。若人数多于128，则增加预选赛。

当参加比赛的运动员人数不是2的乘方数时，第一轮将有“轮空”位数。其目的是使运动员在第二轮中形成一个“满当”，即2的乘方数，这样比赛才能顺利前进，一直到最后仅剩两名运动员参加决赛。

轮空位数的计算方法是：所选定的号码位置数减去参加比赛的运动员人数。例如有27名运动员参赛，则选32个号码位置数，其中有5个号码是轮空的。与这5个号码相遇的运动员，将直接参加第二轮比赛，然后他们和第一轮比赛的11名优胜者就形成了2的乘方数：16。

“轮空”先从两端开始，然后移向中间。第一个“轮空”先从下端开始，第二个“轮空”从上端开始，依此类推，交替进行下去。

例如有27名运动员比赛，就需要在31、2、23、10、6号位上安置“轮空”。这是中国网球协会批准的在任何地区、区域或国家的锦标赛分配“轮空”的正式分配办法。表1是有27名运动员参加比赛的抽签用表。

（2）种子选手的确定与排列

1）根据中国网协比赛规程的规定，确定种子选手应依据前一年同一比赛的名次。在被批准的比赛中，每4～8人有一个种子选手，但种子选手最多不得超过16人。如果种子选手不够，则有多少算多少，其他人由抽签来决定其位置。双打时如非原配对，则不得当种子选手，除非另有明确标准。

2）除1、2号种子外，其他种子的位置凭抽签来决定。1号种子安置在最上端，2号种子安置在最下端，如果抽签决定3号种子在上半区，那么4号种子的位置就应放在下半区，若3号种子抽在下半区，则4号种子应在上半区。其余种子的位置，也应根据这一原则分别抽签确定。

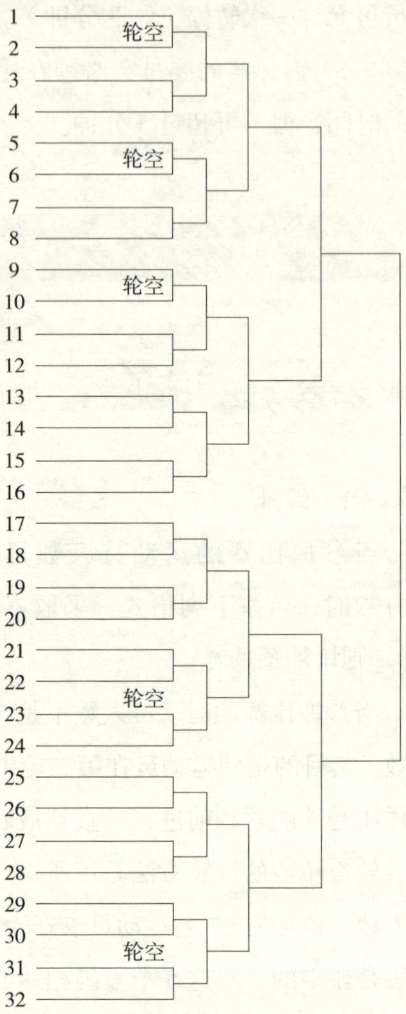

图4-2-1 轮空位数的计算方法

3)国家的、地区的和区域性的锦标赛，其种子选手与“轮空”的分配，均应按上述规定进行。

（3）如何安排种子

1）种子的号码位置与抽签：16名运动员抽签，有2名种子时，1

号种子安置在1号位上，2号种子安置在16号位上。

2）32名运动员抽签，有4名种子时，1号种子在1号位上，2号种子在32号位上；3、4号种子按抽签分别定在9和24号位上。

3）64名运动员抽签，有8名种子时，1、2号种子分别安置在1和64号位上，3、4号种子按抽签分别定在17与48号位上；5、6、7、8号种子仍由抽签分别定在9、56、25与40号位上。

4）128名运动员抽签，有16名种子时（用64号位抽签表两份，一份在上，一份在下，以U代表上表，L代表下表），1、2号种子安置在U—1与L—64（或128）号位上；3、4号种子抽签决定在U—33与L—32（或96）号位上；5、6、7、8号种子抽签决定在U—17、L—48（或122），U—49、L—16（或80）号位上；9、10、11、12、13、14、15、16号种子抽签决定在U—9、L—56（或120），U—25、L—40（或104），U—41、L—24（或88），U—57和L—8（或72）号位上。如果在第二张表上重新编号，

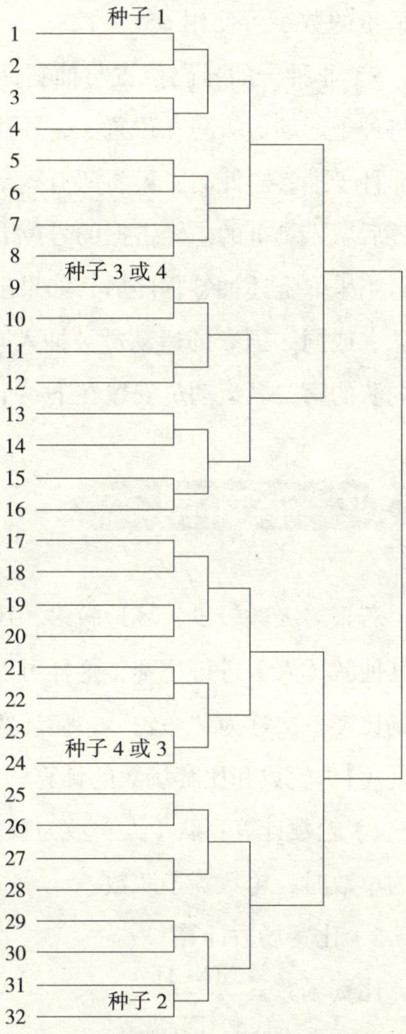

图4-2-2 种子号位的确定方法

括弧里的数字可使用 65 ~ 128。

5）非种子的号码位置与抽签：抽签应先抽种子，后抽非种子，一旦将种子运动员填写在位置上，并注明哪些号码位置代表轮空，即可进行非种子抽签。此时，可将所有剩余的运动员姓名，凭抽签的顺序，经抽签后填入剩下的未经占据的号位上。

当采取上述抽签程序后，如果出现同一个队、同一地区、或同一外国队、或同一国家的运动员被抽入同 1/4 区时，竞赛委员会有权决定，将同队的第二名运动员安置在下一个 1/4 区的相同位置上。

循环制

若报名人数较少，场地较多，比赛日期较长，各队（人）均可要求和其他队（人）进行比赛，这样可以多打几场，以丰富比赛经验。各队出场比赛一次称为“一轮”，循环赛场数是相等的。

（1）轮数和比赛场数的计算

1）轮数计算：队（人）数为双数时，轮数等于队数减 1；队（人）数为单数时，轮数等于队数。

2）比赛场数计算

$$比赛场数 = \frac{N(N-1)}{2}$$

（N 代表队数或人数）

计算轮数和比赛场数的意义在于，它使比赛组织者能够在筹备比赛时，根据场地数量，计算出比赛轮数和场数，并估算出需要的比赛时间和裁判员人数。

（2）比赛顺序的确定方法：一般采用逆时针轮转方法。该轮转方法是先将 1 号位置固定不动，第一轮次序是将比赛队数的前一半号码依次写出，排在左侧，再将后一半号码，从下向上依次写出，排在右侧，并用横线连起来即可。第二轮次序的轮转方法是1号位置固定不动，其他号码按逆时针方向轮转一个位置，即可排出。第三轮次序按第二轮次序的位置，再逆时针轮转一次，依此类推，即可排出其他各轮比赛的顺序来。

例如有6队（人）参加比赛，比赛顺序如下所示。

第一轮	第二轮	第三轮	第四轮	第五轮
1—6	1—5	1—4	1—3	1—2
2—5	6—4	5—3	4—2	3—6
3—4	2—3	6—2	5—6	4—5

如果是5个队参加比赛，照样可以用上表，只需将6号换成轮空号。

如果是进行团体赛，可由两场单打，一场双打组成，采用三场两胜制；或可由四场单打，一场比打组成，采用五场三胜制。每场可采用三盘两胜或五盘三胜制。

（3）决定名次方法

单循环制按获胜场数多少决定名次，如积分相等，则按净胜盘数决定名次；若积分仍相等，则按净胜局数决定名次；若积分再相等，则按净胜分数决定名次。

分组循环制

第一阶段先分几个小组进行单循环赛，第二阶段各组同名次的队（人）进行单循环赛，排出全部名次。

混合制

在一次竞赛的不同阶段，分别采用循环制和淘汰制两种方法称为混合制。采用这种制度要把比赛分为两个或三个阶段。第一阶段若采用淘汰制，后面则采用循环制。反之亦然。

（三）裁判方法

比赛时裁判员的判定就是最后的判定。比赛大会如设有裁判长，运动员对裁判员涉及有关规则的判定有异议时，可提请裁判长解决，裁判长的判定就是最后的判定。

比赛中设有司线员、司网和脚误裁判员等辅助人员时，对于具体发生的事例，他们的判定就是最后的判定。如果裁判员认为是明显误判，他有权纠正辅助人员的判定或指令该分重赛。当辅助人员不能作出判定时，应立即向裁判员示意，由裁判员作出判定。如裁判员对于具体发生的事也不能作出判定时，可判该分重赛。

在团体赛中，球场上的裁判长有权更改任何判决，他还可以指示裁判员判该分重赛。

裁判长认为天色黑暗或因场地、气候等条件不能继续比赛时，可令比赛停止。补赛时双方运动员原有比分和原站方位仍然有效。

裁判长职责

（1）裁判长应由竞赛委员会推选，必须精通规则并能实施运用规则，能对突发事件做出迅速决定，并对其所采取的行动负完全责任。

（2）裁判长有权指定或更换裁判员、司线员、底线裁判员和网上裁判员。

（3）裁判长有权指定比赛的场地，有权决定请假运动员在限定日期比赛。裁判长有权判定无故不出场比赛的运动员或经过点名而不出场比赛的运动员为负方。

（4）如果一场未进行完的比赛需重赛，裁判长可以在征得比赛双方的同意后，作出仲裁。

（5）当裁判员表示自己不能裁决时，裁判长可以根据规则条文决定任何得分。裁判长的决定是最后的判定。

（6）裁判长无权纠正裁判员、司线员、底线裁判员或网上裁判员根据实际情况作出的裁判。

主裁判员职责

（1）比赛开始前，检查球网和支柱的高度是否合乎标准。如果运动员提出请求，裁判员可以在比赛期间测量和调整网高。

（2）宣报“发球失误”、“重发球”、“出界”、“击球犯规”、“脚误”和“两跳”，以及除授权给司线员、脚误裁判员和网上裁判员以外的判罚，亦可重复其判决。

（3）在记分表上登记胜方的得分，然后在运动员请求报分时报分。

（4）每一局和每一比赛结束，应报局数分和盘数分，并登记在记录表上。

（5）如果运动员对司线员的判决有怀疑或有争执，则裁判员应作出得分判决；如果运动员向裁判员提出申诉，则裁判员应按规则规定作出得分判决。裁判员应根据裁判长和竞赛委员会关于网球规定的指示使用新球。在特殊情况下，需要用新球或需要更换球时，在得到裁判长同意后，裁判员可作出决定。

（6）如果裁判员对司线员或脚误裁判员的判决有异议，则可根据每一个实际问题作出判决，即为最后的判决。运动员不得请求复议。

（7）比赛结束时，裁判员应宣布最后比赛结果，并在记分表上签字，将其交还记录处或交给被指定的收表人。

（8）裁判员可以根据当时的光线、场地和气候等条件建议推迟比赛，推迟比赛需经裁判长批准。

司线员职责

司线员的职责是报发球失误和出界，判决他所看管的那条线上的球，并有最后决定权。如果这一分球，司线员不能作出决定时，裁判员应予判决，或令这一分球重发。

网上裁判员职责

网上裁判员应坐在网柱旁靠近裁判员的地方，遇到运动员发出擦网球则应报“重发球”，遇到球穿过网孔则应报“穿孔球”。

网上裁判员为了防止可能发生的差错，在复述报分时应与裁判员核对，另外还要登记所更换的球。

脚误裁判员职责

脚误裁判员应非常熟悉脚误的规则。正对底线而坐，发球时可以从一边换到另一边。在判决犯规时，必须大声宣报。

裁判手势

（1）准备位置站法，见图 4–3–1。

（2）放松时站法，见图 4–3–2。

（3）准备位置坐法，见图 4–3–3。

图 4–3–1 准备（站法）

图 4–3–2 放松（站法）

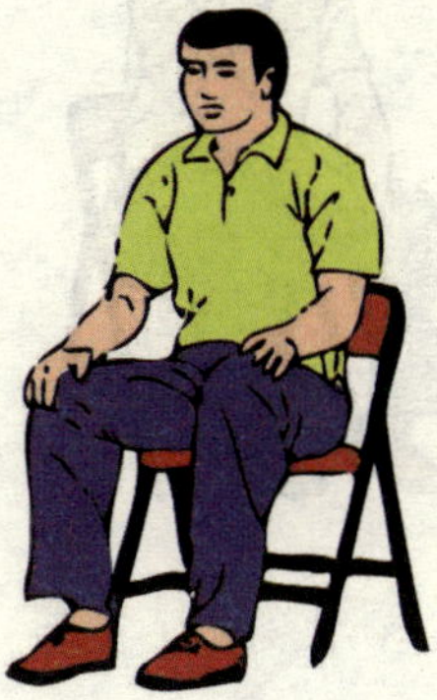

图 4–3–3 准备（坐法）

（4）出界（发球失误）站法，见图 4–3–4。

（5）好球站法，见图 4–3–5。

（6）出界坐法，见图 4–3–6。

图 4–3–4 出界（站法）

图 4–3–5 好球（站法）

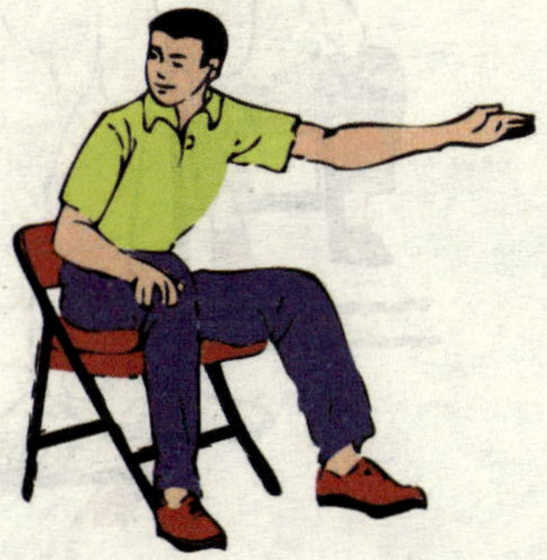

图 4–3–6 出界（坐法）

（7）好球坐法，见图 4-3-7。

（8）纠正（脚误、穿网、擦网等），见图 4-3-8。

（9）脚误坐法，见图 4-3-9。

图 4-3-7 好球（坐法）图 4-3-8 司网裁判动作 图 4-3-9 脚误（坐法）

（10）没看见动作，见图 4-3-10。

（11）擦网动作，见图 4-3-11。

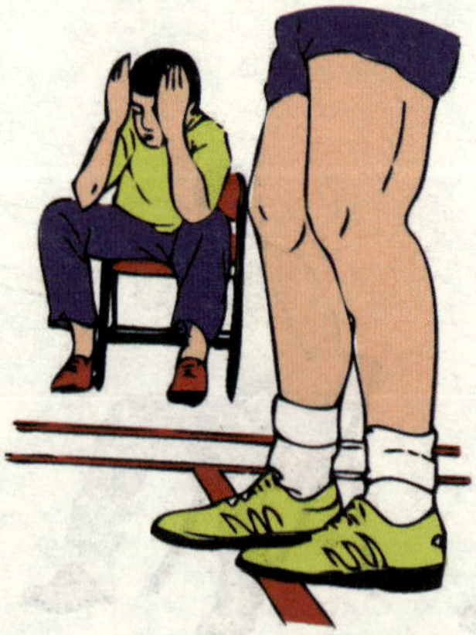

图 4-3-10 没看见

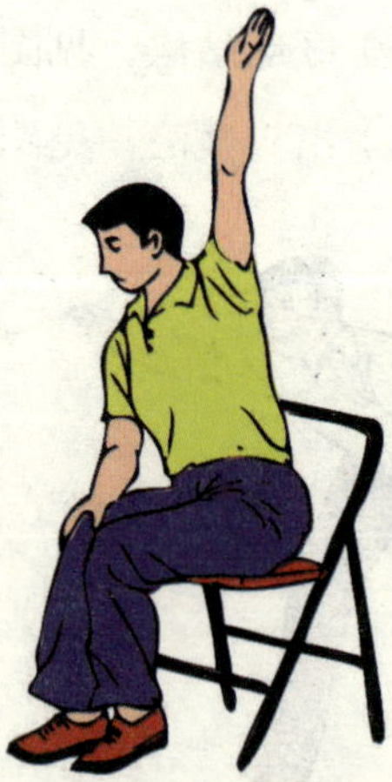

图 4-3-11 擦网

（12）司网裁判动作，见图 4–3–12。

（13）发球线司线员准备姿势，见图 4–3–13。

（14）发球正确动作，见图 4–3–14。

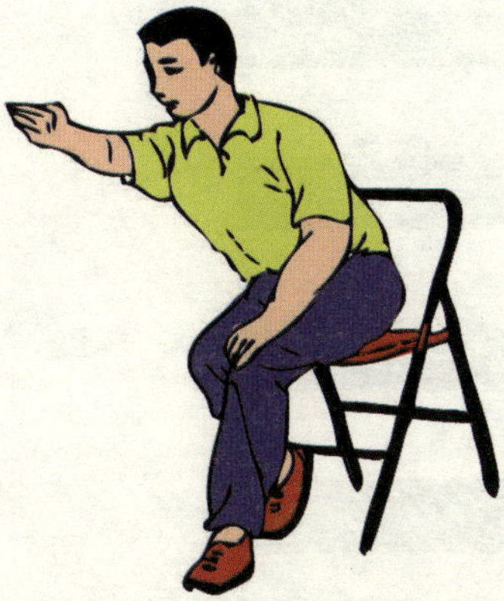

图 4–3–12 纠正（坐法）

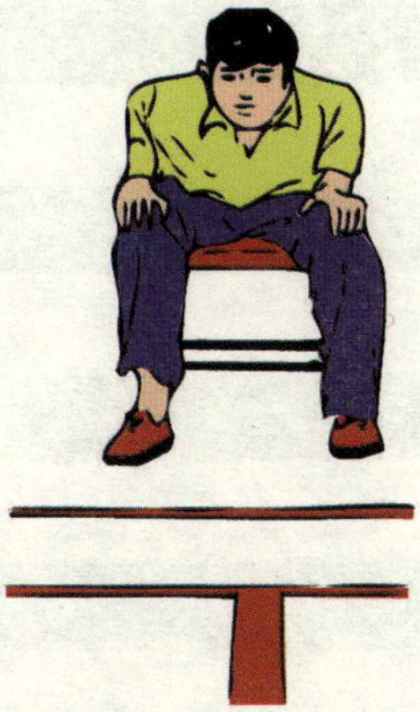

图 4–3–13 司线员准备姿势

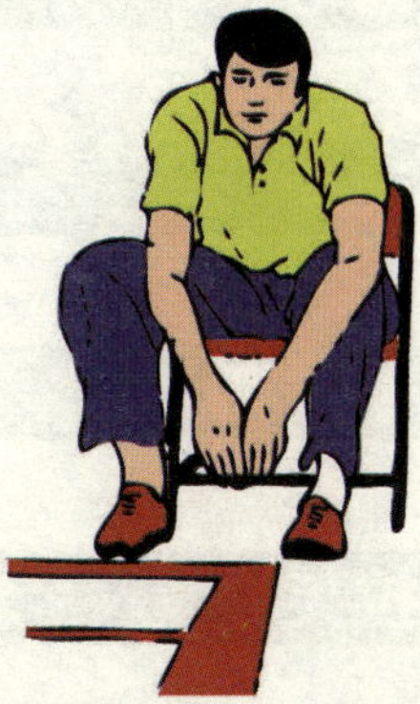

图 4–3–14 发球正确

（15）发球失误（出界）动作，见图 4–3–15。

（16）底线司线员的坐角位置及动作，见图 4–3–16、4–3–17。

（17）底线司线员手势，见图 4–3–17。

（18）主裁判坐法，见图 4–3–18。

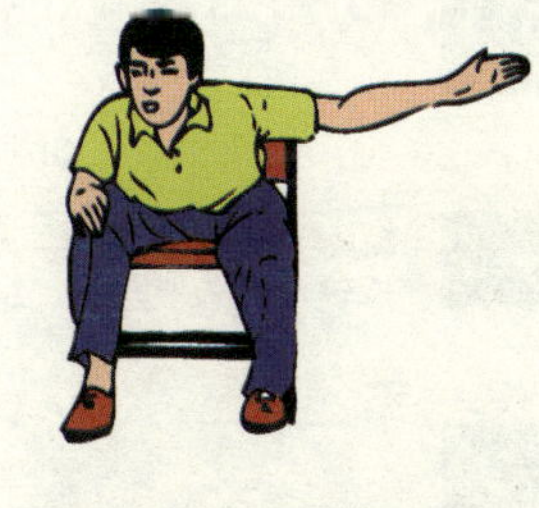

图 4–3–15 发球失误

图 4–3–16 司线员位置

图 4–3–17 司线员手势

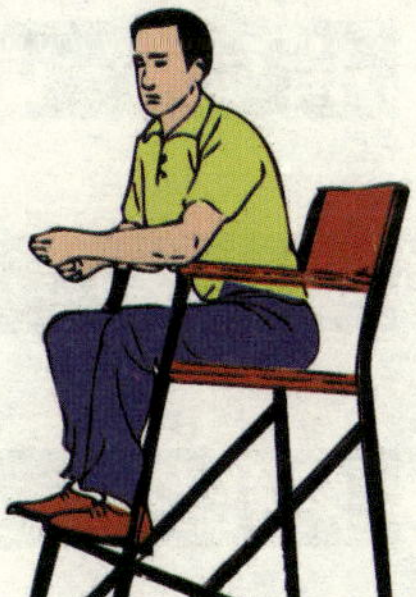

图 4–3–18 主裁判坐法

五、超级巨星风采

张德培

辛吉斯

桑普拉斯

格拉芙

阿加西

大威廉姆斯

费德勒

诺瓦克·德约科维奇

罗迪克

阿扎伦卡

李娜

纳达尔

张德培

姓　　名	张德培
生　　日	1972.2.22
性　　别	男
国　　籍	美国
身　　高	1.75 米
体　　重	75 公斤
握　　拍	右手
转入职业时间	1988 年
单打最高排名	2
双打最高排名	
单打冠军头衔	34
双打冠军头衔	

1986 年，当时还只有 15 岁的张德培凭借获颁的一张外卡进入男单正选赛的第二轮，成为美国网球公开赛历史上赢得正选赛比赛的最年轻的男选手。随后，张德培凭着不知疲倦的参赛，ATP 最高排名达到了世界第二。

张德培的杀手锏——正手平抽

利用快速的移动、充分的蹬伸、强有力的腾空转体、快速迎击高点球，使对方措手不及。

辛吉斯

姓　名	辛吉斯
生　日	1980 年 9 月 30 日
性　别	女
国　籍	瑞士
身　高	1.67 米
体　重	52 公斤
握　拍	右手
转入职业时间	1994 年
单打最高排名	1
双打最高排名	1
单打冠军头衔	30
双打冠军头衔	28

辛吉斯不但有着靓丽、青春的外表，而且有着娴熟、飘逸的技术。在她的职业生涯中，曾赢得 13 次大满贯，尤其在 1997 ~ 1999 年连续三年获得澳大利亚网球公开赛的单、双打双料冠军，创造了一个个不可思议的奇迹，成了网球爱好者心目中的偶像。

辛吉斯的绝活——侧身攻球

利用正手直线球，诱使对方攻斜线，而后突然侧身，打出最拿手的正手大角度斜线球，攻对方的反手，最后用反手打直线球得分。

桑普拉斯

姓　名	桑普拉斯
生　日	1971 年 8 月 12 日
性　别	男
国　籍	美国
身　高	1.85 米
体　重	80 公斤
握　拍	右手
转入职业时间	1988 年
单打最高排名	1
双打最高排名	27
单打冠军头衔	63
双打冠军头衔	2

桑普拉斯是继康纳斯之后第 2 个连续 5 年排名世界第一的男单选手，夺得包括温网、澳网在内的 8 项赛事冠军，赢得职业生涯中最高的 6,498,311 美元奖金的年收入。他创纪录地第 13 次称雄大满贯赛事，是从 1990 年到 2000 年唯一一个每年都赢得至少一项大满贯冠军头衔的选手。同时还是连续 9 年在 ATP 排名中位列三甲的选手，取得过职业生涯的 700 场胜利。

桑普拉斯看家本领——中场截击

大力发球后，果断上网，在中场降低重心沉着截击，利用娴熟的拍法，打出各种角度的截击球，抢得先机。

格拉芙

姓　　名	格拉芙
生　　日	1969 年 6 月 14 日
性　　别	女
国　　籍	德国
身　　高	1.76 米
体　　重	60 公斤
握　　拍	右手
转入职业时间	1982 年
单打最高排名	1
双打最高排名	
单打冠军头衔	107
双打冠军头衔	11

格拉芙是一个技术全面的选手，尤以反手削球和正手斜线球著称。进入职业网坛后战绩辉煌，获 WTA 单打冠军 107 次，获 WTA 双打冠军 11 次，获大满贯单打冠军 22 次，双打冠军 1 次，是世界上连续排名第一时间最长（186 星期）的选手。

格拉芙的绝技——正手斜线

一旦对方将球击到正手位，她总能快速移动到位，用大幅度的随挥击出有速度、有深度的正手斜线球，让对方应接不暇。

阿加西

姓　名	阿加西
生　日	1970.4.29
性　别	男
国　籍	美国
身　高	1.80 米
体　重	78 公斤
握　拍	右手
转入职业时间	1986 年
单打最高排名	1
双打最高排名	123
单打冠军头衔	59
双打冠军头衔	1

作为上个世纪 90 年代与桑普拉斯齐名的男子网坛天王级人物，阿加西一直以顽强不息、永不服输的精神赢得所有人的尊重，他在 2003 年的澳网中夺得冠军，2004 年的法网和美网也分别进入八强和获得亚军。近年的大部分时间中，阿加西一直保持着 ATP 世界排名和冠军争夺战排名双双位居第一的位置，但是在相继失意温布尔登和美国网球公开赛之后，被更为年轻和充满活力的罗迪克、费雷罗、费德勒等占据。

阿加西的密技——反向回击

阿加西精准的控制球，出色的上旋球，堪称世界一流。如对方打来直线球，则返回深斜线球；如对方打斜线球，则以直线球回击，使对方顾此失彼。

大威廉姆斯

姓　　名	大威廉姆斯
生　　日	1980.6.17
性　　别	女
国　　籍	美国
身　　高	1.85 米
体　　重	73 公斤
握　　拍	右手
转入职业时间	1994 年
单打最高排名	1
双打最高排名	6
单打冠军头衔	31
双打冠军头衔	10

大威廉姆斯（V. 威廉姆斯）在女子职业网坛的历史上创造了许多奇迹。她是美网自 1978 年以来，第一个初次参加大满贯赛事就闯入决赛的选手，也是自 1958 年以来，第一个以非种子身份闯入美网决赛的运动员。大威廉姆斯同时还保持着女运动员的发球最快时速的记录：205 千米/时　这个速度对于大多数男子职业选手来讲也是望尘莫及的。

大威廉姆斯的重型炮弹——大力发球

震惊世界网坛的女巨星大威廉姆斯凭借快速有力的击球称霸世界女子网坛，尤其是她的大力发球，时速高达 205 千米，让网坛许多优秀男选手也望尘莫及，不管在多么艰苦和困难的境地，她都能以这枚重型炮弹轰出战机和胜券。

费德勒

姓　名	费德勒
生　日	1981.8.8
性　别	男
国　籍	瑞士
身　高	1.85 米
体　重	80 公斤
握　拍	右手
转入职业时间	1998 年
单打最高排名	1
双打最高排名	24
单打冠军头衔	26
双打冠军头衔	6

费德勒不但获得 3 个大满贯头衔、3 个大师赛的冠军，外加 4 个 ATP 巡回赛的冠军，还是排名前 10 的球员中唯一一个在单、双打均问鼎的球员。费德勒是现役球员中最为全面的选手，是近年来男子网坛少见的天才。

费德勒的天下第一拍——正手上旋球

当今世界网坛第一高手费德勒的正手上旋球堪称完美无瑕，其有力的蹬转，大幅度的挥臂，所创造出的挥拍速度连高速相机都分辨不出镜头，他经常利用速度快，落点刁，旋转极强的正手上旋球，使自己摆脱困境，让对手应接不暇，堪称天下第一拍。

德约科维奇

姓　名	德约科维奇
生　日	1987.5.22
性　别	男
国　籍	塞尔维亚
身　高	1.88 米
体　重	80 公斤
握　拍	右手
转入职业时间	2003 年
单打最高排名	1
双打最高排名	114
单打冠军头衔	36
双打冠军头衔	1

德约科维奇，塞尔维亚职业网球运动员，现任 ATP 单打世界第一。其职业生涯已经赢下六座大满贯男单奖杯。2011 年他成为开放年代以来第六位一年内三夺大满贯的男单选手。他也是开放年代以来在四大满贯中全部打进过四强的最年轻男单选手。截至目前，德约科维奇已经赢得包括 6 个大满贯、13 个大师系列赛和 2 个年终总决赛在内的 36 项 ATP 单打桂冠。

德约科维奇的十八般武艺——样样精通

德约科维奇被誉为球员中的球员，在年轻一代球员中，他的技术相当全面。出色的一发，带有强劲旋转的二发，强大的接发球，稳定的底线相持能力，均衡的正反手，网前和高压球的处理，各项技术都十分出色。更难得的是，德约科维奇懂得利用自己全面的技术，在战术打法上调动对手，这也使得他成为 10 年来第一位连续战胜世界前三号球员的选手。

罗迪克

姓　　名	罗迪克
生　　日	1982.8.30
性　　别	男
国　　籍	美国
身　　高	1.88 米
体　　重	88.6 公斤
握　　拍	右手
转入职业时间	2000 年
单打最高排名	1
双打最高排名	50
单打冠军头衔	32
双打冠军头衔	4

罗迪克是美国最著名的网球运动员，在 13 年的职业生涯中，拿到了 32 个单打冠军头衔，其中包括了一个美网冠军，世界排名也曾高居榜首。2003 年在美网本土封王，同年他首次登上了世界第一的宝座。2012 年 9 月 6 日，他正式宣布退役。

罗迪克的致胜招牌——超速击球

罗迪克的发球和正手平击抽球球速之快，几乎无人可及，在 2004 年的戴维斯杯半决赛中，罗迪克在硬地球场曾创造过 245 千米 / 时的最快纪录，这一纪录直到 2011 年才被克罗地亚巨人卡洛维奇打破。罗迪克利用大力、快速发球，频频制造 ace 球，形成快速制胜的招牌。

阿扎伦卡

姓　名	阿扎伦卡
生　日	1989.7.31
性　别	女
国　籍	白俄罗斯
身　高	1.83 米
体　重	60 公斤
握　拍	右手
转入职业时间	2003 年
单打最高排名	1
双打最高排名	1
单打冠军头衔	15
双打冠军头衔	6

维多利亚·阿扎伦卡，世界女子职业网坛新生力量的领军人物之一。曾为青少年世界第一，并获得多项青少年大满贯冠军头衔。转入职业后，逐步奠定自己在职业网坛的影响力。北京时间 2012 年 1 月 28 日下午，澳网女单决赛在阿扎伦卡和莎拉波娃之间举行。最终，阿扎伦卡 6 ： 3、6 ： 0 轻取对手，首次闯入大满贯女单决赛就获得冠军，登上最新一期世界排名的榜首。

阿扎伦卡的诱敌良策——双反大斜线

阿扎伦卡在场上最有杀伤力的得分手段就是反手位的双反大斜线击球，她的反拍进攻球力量和速度都较为出色，经常能够利用反拍来调动对手，并且打出大角度的击球以取得先机。

李娜

姓　　名	李娜
生　　日	1982.2.26
性　　别	女
国　　籍	中国
身　　高	1.72 米
体　　重	65 公斤
握　　拍	右手
转入职业时间	1999 年
单打最高排名	4
双打最高排名	54
单打冠军头衔	26
双打冠军头衔	18

李娜，中国著名女子网球运动员，6 岁开始练习网球，1999 年转为职业选手，从网球低级别赛事一路打到四大满贯。第一个获得巡回赛单打冠军的中国人，2008 年北京奥运会四强。2011 年获得法国网球公开赛女单冠军，成为中国乃至亚洲在网球四大满贯赛事上夺得单打冠军的第一人，世界排名追至第 4 位，追平日本选手伊达公子创造的前亚洲女子网球最高排名。

李娜的制胜法宝——左右开弓

李娜底线实力突出，正反拍实力均衡，正手尤为凶狠多变，素有世界前五之称，常有出其不意的攻击力。反手实力也不俗，能与世界任何一位优秀选手抗衡。能左能右，右强左不弱，具备了战胜顶级选手的实力。

纳达尔

姓名	纳达尔
生日	1986.6.3
性别	男
国籍	西班牙
身高	1.85 米
体重	85 公斤
握拍	左手
转入职业时间	2001 年
单打最高排名	1
双打最高排名	26
单打冠军头衔	50
双打冠军头衔	8

纳达尔是网球竞技的常胜冠军，ATP 单打最高排名世界第一，拥有个人 11 座大满贯冠军奖杯，获得过 50 个世界单打冠军头衔，甩开了与其不分伯仲的瑞典老球王比约－博格，成为了公开赛时代在红土场上夺冠次数最多的球员，成为名副其实的“红土王”。

纳达尔的神奇魔力——强力旋转

纳达尔是一名防御型底线型球员，他利用强而有力的上旋球、快速移动的脚步、坚强的意志力，持续来回压迫对手，迫使对方失误。纳达尔击球后产生的旋转，最高可达 5000 转 / 分，明显高于其他选手。另外，他近乎垂直的挥拍轨迹和超乎常人的拍击速率，使他打出的上旋球，难以捉摸，难以施力回击。纳达尔这独特击球方式，被誉为网球技术革命性创举，专家命名“纳达尔转”。

六、世界顶级赛事冠军榜

温布尔登网球公开赛冠军

美国网球公开赛冠军

法国网球公开赛冠军

澳大利亚网球公开赛冠军

温布尔登网球公开赛冠军

时间	男子单打冠军	女子单打冠军
1980 年	博格	古拉冈
1981 年	麦肯罗	劳埃德
1982 年	康纳斯	纳芙拉蒂诺娃
1983 年	麦肯罗	纳芙拉蒂诺娃
1984 年	麦肯罗	纳芙拉蒂诺娃
1985 年	贝克尔	纳芙拉蒂诺娃
1986 年	贝克尔	纳芙拉蒂诺娃
1987 年	帕特・布什	纳芙拉蒂诺娃
1988 年	埃德博格	格拉芙
1989 年	贝克尔	格拉芙
1990 年	埃德博格	纳芙拉蒂诺娃
1991 年	施蒂希	格拉芙
1992 年	安德列・阿加西	格拉芙
1993 年	桑普拉斯	格拉芙
1994 年	桑普拉斯	马丁内兹
1995 年	桑普拉斯	格拉夫
1996 年	克拉吉塞克	格拉夫
1997 年	桑普拉斯	辛吉斯
1998 年	桑普拉斯	诺沃特纳
1999 年	桑普拉斯	达文波特
2000 年	桑普拉斯	大威廉姆斯
2001 年	伊万尼基维奇	大威廉姆斯
2002 年	休伊特	小威廉姆斯
2003 年	费德勒	小威廉姆斯
2004 年	费德勒	莎拉波娃
2005 年	费德勒	大威廉姆斯
2006 年	费德勒	毛瑞斯莫
2007 年	费德勒	大威廉姆斯
2008 年	纳达尔	大威廉姆斯
2009 年	费德勒	小威廉姆斯
2010 年	纳达尔	小威廉姆斯
2011 年	德约科维奇	科维托娃
2012 年	费德勒	小威廉姆斯
2013 年	穆雷	巴托利

美国网球公开赛冠军

时间	男子单打冠军	女子单打冠军
1980 年	麦肯罗	埃弗特·劳埃德
1981 年	麦肯罗	奥斯汀
1982 年	康纳斯	埃弗特·劳埃德
1983 年	康纳斯	纳芙拉蒂诺娃
1984 年	麦肯罗	纳芙拉蒂诺娃
1985 年	伦德尔	曼蒂科娃
1986 年	伦德尔	纳芙拉蒂诺娃
1987 年	伦德尔	纳芙拉蒂诺娃
1988 年	韦兰德	格拉芙
1989 年	贝克尔	格拉芙
1990 年	桑普拉斯	萨巴蒂尼
1991 年	埃德博格	塞莱斯
1992 年	桑普拉斯	塞莱斯
1993 年	桑普拉斯	格拉芙
1994 年	阿加西	桑切斯
1995 年	桑普拉斯	格拉芙
1996 年	桑普拉斯	格拉芙
1997 年	拉夫特	辛吉斯
1998 年	拉夫特	达文波特
1999 年	阿加西	大威廉姆斯
2000 年	萨芬	大威廉姆斯
2001 年	休伊特	达文波特
2002 年	桑普拉斯	小威廉姆斯
2003 年	罗迪克	海宁
2004 年	费德勒	库兹涅佐娃
2005 年	费德勒	克里斯特尔斯
2006 年	费德勒	莎拉波娃
2007 年	费德勒	海宁
2008 年	费德勒	大威廉姆斯
2009 年	波特罗	克里斯特尔斯
2010 年	纳达尔	克里斯特尔斯
2011 年	德约科维奇	斯托瑟
2012 年	穆雷	大威廉姆斯
2013 年		

法国网球公开赛冠军

时间	男子单打冠军	女子单打冠军
1980 年	博格	埃弗特·劳埃德
1981 年	博格	曼蒂科娃
1982 年	韦兰德	纳芙拉蒂诺娃
1983 年	诺亚	埃弗特·劳埃德
1984 年	伦德尔	纳芙拉蒂诺娃
1985 年	韦兰德	埃弗特·劳埃德
1986 年	伦德尔	埃弗特·劳埃德
1987 年	伦德尔	格拉芙
1988 年	韦兰德	格拉芙
1989 年	张德培	桑切斯
1990 年	哥麦斯	塞莱斯
1991 年	库里埃	塞莱斯
1992 年	吉姆·库里埃	塞莱斯
1993 年	布鲁格拉	格拉芙
1994 年	布鲁格拉	桑切斯
1995 年	穆斯特尔	格拉芙
1996 年	卡费尔尼科夫	格拉芙
1997 年	库尔腾	马约莉
1998 年	莫亚	桑切斯
1999 年	阿加西	格拉芙
2000 年	库尔滕	皮尔斯
2001 年	库尔滕	卡普里亚蒂
2002 年	科斯塔	小威廉姆斯
2003 年	弗雷罗	海宁
2004 年	高迪奥	米斯金娜
2005 年	纳达尔	海宁
2006 年	纳达尔	海宁
2007 年	纳达尔	海宁
2008 年	纳达尔	伊万诺维奇
2009 年	费德勒	库兹涅佐娃
2010 年	纳达尔	斯齐亚沃尼
2011 年	纳达尔	李娜
2012 年	纳达尔	莎拉波娃
2013 年	纳达尔	小威廉姆斯

澳大利亚网球公开赛冠军

时间	男子单打冠军	女子单打冠军
1980 年	蒂切尔	曼德里科娃
1981 年	克拉克	纳芙拉蒂诺娃
1982 年	克拉克	埃弗特·劳埃德
1983 年	维兰德	纳芙拉蒂诺娃
1984 年	维兰德	埃弗特·劳埃德
1985 年	埃德博格	纳芙拉蒂诺娃
1986 年	未举行	未举行
1987 年	埃德博格	曼德里科娃
1988 年	维兰德	格拉芙
1989 年	伦德尔	格拉芙
1990 年	伦德尔	格拉芙
1991 年	贝克尔	塞莱斯
1992 年	考瑞尔	塞莱斯
1993 年	考瑞尔	塞莱斯
1994 年	桑普拉斯	格拉芙
1995 年	阿加西	皮尔斯
1996 年	贝克尔	塞莱斯
1997 年	桑普拉斯	辛吉斯
1998 年	科达	辛吉斯
1999 年	卡费尔尼科夫	辛吉斯
2000 年	阿加西	达文波特
2001 年	阿加西	卡普里亚蒂
2002 年	约翰森	卡普里亚蒂
2003 年	阿加西	小威廉姆斯
2004 年	费德勒	海宁
2005 年	萨芬	小威廉姆斯
2006 年	费德勒	毛瑞斯莫
2007 年	费德勒	小威廉姆斯
2008 年	德约科维奇	莎拉波娃
2009 年	纳达尔	小威廉姆斯
2010 年	费德勒	小威廉姆斯
2011 年	德约科维奇	克里斯特尔斯
2012 年	德约科维奇	阿扎伦卡
2013 年	诺瓦克·德约科维奇	阿扎伦卡